纽约桃花电影笔记

MIRROR FLOWER WATER MOON

镜花水月怀旧事

美国新世纪出版社
2018 · 纽约

作　者：纽约桃花
出 版 人：洪君植
责任编辑：柳雪花 全京业
封面 / 版式设计：龙雁翎

镜花水月怀旧事
MIRROR FLOWER WATER MOON

出版：纽约新世记出版社
New York New Century Press Inc.
印刷： UCHP Inc.
版次：2018 年 10 月纽约第一版；第一次印刷
定价： 15.99 美金
国际书号（ISBN）：ISBN: 978-1-64083-090-5

◎ 胡桃

笔名纽约桃花。北京人，祖籍上海，现居纽约。曾任中央电视台教育部编导、美国 CBS 电视台制片翻译、美国 MTV 音乐电视台制作人。曾出版长篇传记文学《上海浮生若梦》（纽约龙出版）、中短篇小说集《上海以北 北京以南》（美国新世纪出版社）。

谢榕津

胡桃撰写的这本电影笔记《镜花水月怀旧事》勾起了我对电影往事的回忆。从初中起，我就对电影，尤其是美国电影，十分感兴趣。这不仅是因为我和我母亲都差一点有机会当上电影演员，更因为我十分渴望通过看美国电影学习英语会话。那时候，上海各影院都大量放映美国电影，但是作为穷学生的我，只能花两毛钱买张票到上海的三流影院去看一二流影院放映剩下的美国老电影。这些老电影不仅帮助我学好了英语会话，还使我熟悉并爱上了美国电影。

1949 年，新中国成立后，美国电影在中国绝迹。我也经过华北人民革命大学的思想改造，下决心从思想上切断和美国的一切，把所有对美国的记忆，忘得一干二净。由于我和我先生胡思旅都曾在上海沪江大学英美文学和政治系读过书，英文流利，我们都被指定从事对外文化交流方面的翻译工作。

随着八十年代的改革开放，中国打破了长期的闭关锁国，开始了解国外文化艺术信息。中国电影局也设法进口了许多英美各国电影供专业人员作为内部电影研究观赏，同时也选其中少数影片公开放映。在这种情况下，国家急需英文流利，又了解外国情况的专业人员从事这方面的研究工作，因此，有关单位就把我和胡思旅从专门为工业部门训练口语翻译的部门，调到了既能翻译和又能研究介绍外国电影的部门。胡思旅调到了中国电影家协会，担任外国电影调研室的主任，负责出版一份专供全国电影专业人员内部参考的《外国电影》。我则被调到中国戏剧家协会的外国电影戏剧研究室，负责出版一份专供全国戏剧专业人员参考的《外国戏剧》月刊。

在这期间，我们阅读了大量的英美电影戏剧的专业书籍和杂志，为《外国电影》和《外国戏剧》翻译撰写了大量的相关资料，逐渐成为了外国电影与戏剧的专家。电影公司的高层领导为了选片需要看懂他们拿到的没有脚本的英语电影，经常邀请我们去担任现场同声翻译；电影局也常邀请我们为他们举办的各国电影节和来访的外国导演从事接待和翻译工作；各报刊杂志纷纷约稿，让我们撰写介绍外国电影情况的文章，我们由此成了中外影视界的桥梁人物。美国电影导演公会每次有电影专业代表团来华访问，都会第一个邀请我们为他们申请办理并接待代表团。那几年，很多国家级的出版社也来约稿，希望我们为他们翻译外国电影脚本和演员传记。就这样，我和我先生前前后后一共翻译出版了十四本关于电影和戏剧方面的书籍。

在这样的家庭背景下长大，胡桃也遗传了我们的基因。我们最忙碌的那十几年，正是胡桃从初中到高中毕业的那几年，我们在工作上投注的精力与时间远远超过了对她的关心与照顾。很多时候，我们都需要她来帮助我们处理家里的各种生活琐事以便我们可以腾出更多的时间来从事工作上的业务。从初中起，我就发现胡桃的兴趣在读书和写作上，撰写了大量在当时我看来思想消极的诗歌。因此，我开始引导她阅读英美电影戏剧资料，为她后来替《外国电影》和《外国戏剧》翻译撰写文章打下基础。作为知识分子，我们没有什么财富可以传给她的，只有我们对专业工作的兴趣爱好，以及工作上的勤勉和努力。如果，她能够学到我们这样的一技之长，日后能够用上，我们也就放心了。

也许是耳濡目染，胡桃对电影，尤其美国电影电视剧的热爱一点都不逊色我和我先生。她初来纽约的时候，为了缩短在英语上与本土人的距离，唯一舍得花的钱都放在了从录像带店借电影电视片上边，观看了她所有能够借到的美国电影，从老电影到新电影统统都看了一遍。在纽约大学布鲁克林学院读书的时候，胡桃选择了电视制作和广播新闻作为她的专业，并获得硕士学位。以后，她开始为美国电视台工作，逐渐成为电视制片人。来美国多年的时间里，胡桃鉴于工作上的忙碌，几乎很少写作。2010 年后，她在朋友的鼓励下，开办了两个中文博客，撰写她喜欢的文章，从影评到散文、诗歌和小说，应有尽有。她的两个博客都收到了广泛的欢迎，浏览率分别达到几百万。

这本电影笔记收录了胡桃从 2007 年到 2012 年影评的精华，以及她今年撰写的唯一一个影评。翻阅这本书，我觉得受益匪浅，毕竟我年纪大了，很少再看美国电影电视，但是通过阅读她的文章，我对这里面介绍的影视剧都有了进一步的了解。这本书让我回想起我年轻时候对美国电影的痴迷，以及八十年代我和胡思旅一起并肩翻书译著的时代，想起胡桃成长时期对写作的痴迷与热爱。看到她将生活中所学到的经验和感悟都融入了她撰写的文章，我感到欣慰。这不仅仅是一本电影笔记，也是胡桃生活中的感悟，通过电影的镜头呈现在文字的倾诉中。

（原《外国戏剧》主编、翻译家）

第2辑 打开怀旧这扇门

第3辑 碧血黄沙

人性的光辉

在《雨果》中

穿梭电影的时光隧道

悠长的镜头划破璀璨的电影时光，转过二十世纪的拐角，在悠扬的音乐声中滑向1930年的巴黎蒙帕纳斯火车站。

唯美的色彩、浪漫的音乐、优雅的视角、精湛的特写，于熙攘的人群上空漂浮在空中的浮尘、雨果深邃的蓝眼睛里、埃菲尔铁塔的遥望、火车站钟楼上的古旧大钟的转动中，被涂上一层怀旧的色彩，若隐若现、如烟如尘，仿佛时光倒流，历史重演。如水溢晕染的画卷，优雅得无声无息，浪漫得无痕无迹，一层层于轻柔的旧时光中，怡然铺开，仿佛如瞬间绽放的花朵，将老去的时光开放得如此璀璨鲜艳，而我们的目光如同穿越时空的刀光剑影，被这些轻柔的璀璨、弥漫的光影、感人的故事瞬间压碎成虚无，雕刻成永恒。

这就是此次获得奥斯卡最佳影片提名的《雨果》*HUGO* 留给我的最初印象。这不是一般的一部简单怀旧的电影，而是一份流动的3D情书，写给法国电影大师，默片鼻祖梅里爱与他所创造的灿烂辉煌老电影时光；

向那个已经离开我们很多年，尘封在电影人记忆深处的默片大师以及开拓了我们今日电影的默片时代致以崇高敬礼。这是一部注定要留在世界电影史诗上的影片，注定要成为电影课程上的一页辉煌的介绍，因为它已不仅仅是一个十二岁儿童雨果的历险记，而是默片梅里爱一生跌宕起伏的精彩写照。在这部电影中，梅里爱的形象就是那个火车站上开玩具店的严肃老头乔治·梅里爱，雨果的同龄朋友，伊莎贝尔的养父。

正如同电影中所描述的一样，乔治 ·梅里爱（1861-1938）原本是一位著名的魔术师和木偶艺术家，后来因为受到Lumiere brothers卢米埃尔兄弟所拍摄的写实火车电影短片的启发，在蒙特勒伊建立了世界上最早的一个摄影棚。他使用专门的演员、布景、道具、化装等手段拍摄电影，开辟了与卢米埃尔电影记录片式风格完全不同的电影创作道路。他拍摄的第一部影片是1899年的《德雷福斯案件》。他最擅长利用停机再拍和更换布景等在当时相当创新的手法拍摄了《灰姑娘》、《蓝胡子》、《魔灯》、《一千零一夜》等一系列神化片。20世纪初，他率先创作出科学幻想片《月球旅行记》、《海底两万里》、《北极征服记》等。尤其《月球旅行记》一片影响巨大，不仅确立了科幻片这一样式，而且确定了电影排演在电影制作中的地位。梅里爱的影片是电影成为艺术的第一步。

《月球旅行记》是梅里爱电影事业登峰造极之作，为他带来了巨大的声名与金钱，但同时也奠定了他走下坡路的开始，成了他无法逾越的天堑。由于梅里爱过于拘泥于戏剧的表现手法，坚决拒绝使用外景，拒

绝摄影机在拍摄过程中变换角度（表现物体运动的移动摄影特技除外），这种保守限制了梅里爱在艺术上的发展。到了 1910 年，美国好莱坞已经拍摄了《火车大劫案》等一批动作片，蒙太奇已经渐渐成为电影的语法，而此时的梅里爱却还在拍摄《太空旅行记》和《北极征服记》等重复性的作品。眼看着自己的影片逐渐受到好莱坞电影崛起的冲击所带来的票房萧条，为了摆脱经济上的困境，梅里爱终于决定打破自己的教条，斥巨资前往太平洋拍摄了整整一年的影片。但当他将钱花光而返航的时候，却发现大多数拍摄好的成片因为蜡封不严，已经发霉而无法使用。这次彻底的失败给了梅里爱致命的一击。第一次世界大战结束后，蒙特洛伊的摄影厂被关闭。梅里爱的影片拷贝被论斤出卖，那些曾经包含了无数天才、智慧与幻想的胶片被当做废塑料熔化，制成牙刷和梳子。而梅里爱本人则从电影业以及他的观众视野里完全消失，沦为小本经营的商贩，靠在巴黎蒙帕纳斯火车站开设一家糖果玩具店为生。直到 1928 年，有几位记者在研究电影历史的时候重新发现了梅里爱的价值以及他对电影发展的贡献。这些记者的文章使得人们重新认识梅里爱以及他的电影，给与他在电影界应得的荣誉与认可。人们不敢相信这位默片电影的鼻祖，曾经驰骋风云的电影大师居然如此隐居，过着极其普通艰苦的火车站的生活。梅里爱再次制造了轰动效应，并于1929年12月在Salle Pleyel举行了他的电影回顾展，成就了他一生中最辉煌的时刻。1938年，梅里爱在养老院里与世长辞，享年七十七岁。

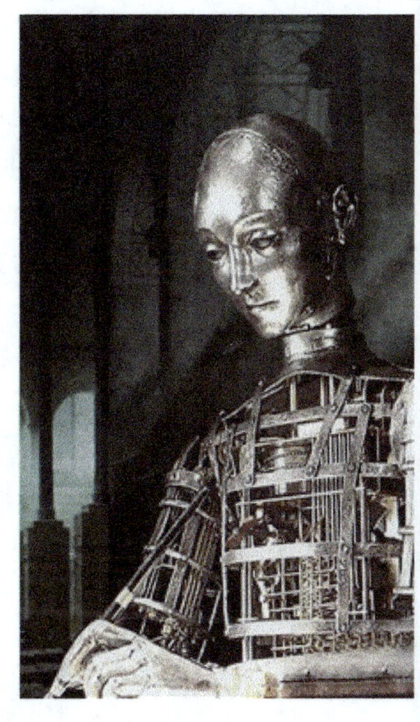

受到梅里爱一生的启发与影响，同样是电影迷的儿童图书绘画家布莱恩·塞尔兹尼克（Brian Selznick）撰写并绘制了现实与梦想交错，历史与现实辉映，浪漫与怀旧融汇的小说《雨果的创意》（*THE INVENTION OF HUGO CABRET*, 2007）。此书一出好评连连，马上被GK电影公司买断版权，并开始投入制作。

拍摄这部电影的导演马丁·斯科塞斯（Martin Scorsese）本身也是一位电影大师，世界电影史上的一位响当当的人物，著名的电影作品横穿不同的时代，包括《穷街陋巷》（*MEANSTREET*, 1973）、《出租车司机》（*TAXI DRIVER*, 1975）、《愤怒的公牛》（*RAGING BULL*, 1980）、《好家伙》（*GOOD FELLAS*, 1990）、《赌城风云》（*CASINO*, 1995）、《纽约黑帮》（*THE GANGS OF NEWYORK*, 2002）、《飞行家》（*THE AVIATOR*, 2004）和《无间道》（THE DEPARTED, 2006）等一系列引起轰动的电影，奠定了他在电影史中最有名的美国现实主义导演不可动摇的地位。据说，凡是电影系的学生上学的第一件事情就是将斯科塞斯的电影全部翻看一遍，就可以将美国现代电影史基本上了解得差不多啦。以斯科塞斯这样一位奥斯卡最佳导演奖、戛纳金棕榈奖及柏林金熊奖得主的厚重身份来拍摄《雨果》应该是当之无愧的最佳人选。

马丁·斯科塞斯果真不负众望，将《雨果》以走在时代尖端的电影技术拍摄得美轮美奂，仿佛时光倒流，再现了梅里爱默片时代的场景、故事与往事，融会了真实与奇幻的感觉，仿佛穿梭在时光隧道中一样，让今天的年轻观众再次理解曾经的默片大师梅里爱，作为对那个辉煌时代，灿烂人物的一个敬礼。

这部斥资1亿7千万美金的电影不仅重现了巴黎蒙帕纳斯火车站1930年的场景，梅里爱早期在巴黎的玻璃摄影棚，还将1895年在巴黎蒙帕纳斯火车站发生地一场蒸汽火车因翻车事故而引起的穿越玻璃而过的真实事故场景搬上银幕，让人对照此事故的老照片的时候，感到如此维妙维肖而叹为观止。据说，这个场景全部用实物微缩景观拍摄，7部摄像机从不同的角度同时拍摄，为的就是拍摄出那个惊天动地的翻车感觉。

马丁·斯科塞斯之所以将这部电影以3D摄像机拍摄，就是为了重现梅里爱电影技术的真实感，如同100多年前的电影创始人梅里爱，用他的电影创新吸引了无数观众的眼球，给他们留下了不可磨灭的印象。最后的《雨果》成片就是从135个小时的胶片中剪辑完成的，作为献给给电影史的一部情书，记录了100年来电影技术的革新、创造、革命与转折所浓缩的辉煌与人文。

至今，这部电影在全球票房已经取得了1亿零6万的佳绩。随着蓝光碟版的推出以及DVD销售市场的推进，《雨果》所取得商业价值继3D电影《阿凡达》之后，将很可能创造电影史上的新奇迹。

正如《雨果》里面借着伊沙贝拉的口所说，每一个人来到这个世界上都有一个目的，只要找到这个目的，我们才可以完满我们的人生。如果说梅里爱的人生目的就是创造默片电影的诞生，那么马丁·斯科塞斯的目的就是将梅里爱的辉煌登峰造极地用新电影科技来展现出来，而我们作为观者来说，看完这部电影，也不禁要回味一下我们此生的目的，人生是否圆满。历史如歌，往事如尘，很多的岁月流逝了，很多的人都被淡忘了，而梅里爱与他的默片时代却通过电影巨作《雨果》而再次明灯闪烁，一路照耀了电影历史最有创意，最可歌可泣的漫漫旅途，宛若重新找回的底片，再次回顾的时侯，禁不住温暖了我们的心底。

2012-3-1

中央公园血案后的
真相

THE
CENTRAL
PARK
FIVE
A FILM BY KEN BURNS & DAVID MCMAHON & SARAH BURNS

中央公园
五罪犯

1989年4月19日中央公园发生的一起血案震惊了全纽约，一位28岁的银行职员Trisha Meili在中央公园晨跑时候遭遇受袭击，被不明人士强暴并残酷虐待至生命垂危的地步。

事发4个小时之后，她才被路人发现并报警送院。这件事轰动了当时的纽约，各大媒体都纷纷报道此案，认为通过这件事情说明，纽约毫不夸张地已经成为犯罪的天堂。此案的作案手法如此残暴，受害人几乎被殴打致死，内脏出血，整个左眼球因为殴打致残，不得不去除，受害人的脑壳因为遭到强烈打击，已经损伤，当时血迹满地的景象让抢救人员对她的生还不抱太大的希望，认为即便她活下来了，也很可能是植物人。

案发没有几天，纽约警方就宣布已经抓到了犯案的嫌疑对象，是五个黑人和西班牙有不良记录的少年，年龄从14岁到15岁不等。经过审讯，五少年承认了犯罪的事实。这一下，纽约人愤怒了，从媒体到个人，很多人主张极刑处置五个人。当时纽约的著名地产商唐纳德·川普（现任美国总统）甚至在报上做了整版的广告，呼吁将五个人判处死刑。根据美国法律，五个人均为未成年少年，所以量刑只能根据少年罪判刑。因此，五个人被法庭定罪后，分别被判处了8到13年不等的刑期。

好消息是受害人Trisha Meili 居然没有像大家预期的那样死亡或者成为植物人，她顽强地活了下来，除了失去一只眼睛以及其他的一些永久性神经疾病之外，已经全部恢复，只是因为大脑受损，她对事件失去了全部的记忆，只记得事发前一个小时的往事。

这件震惊纽约人的案件让媒体各界都发出了关注纽约犯罪率的呼声，同时也激起了纽约市政府决定清理纽约犯罪案件的决心。几年后新任市长朱利安尼通过一系列的铁腕政策，全面清理纽约的犯罪系统，改造城市的面貌，致使纽约的犯罪率呈现不断下降的好趋势。

很多年过去，这件事也逐渐淡出人们的脑海与视线。没想到到了2002年，这件旧事忽然被重提，原因是纽约警方通过审问一个被捕获的罪犯，发现了原来轰动一时的中央公园血案居然抓错了对象，他才是真正的作案人。通过现场保留的DNA与精子对比，警方终于证实当年中央公园血案的作案人不是那五个不幸的少年。

其实，当年案发后，警方已经发现现场提取的DNA与精子与五少年并不相符，案件的全部就在于五少年对案件的自我招供。当然，当时担任五少年的律师们也表示通过与嫌疑人的谈话，五少年的犯罪确定性并不高，五少年也表示他们是被警方通过威胁利诱被屈打成招的。但不幸的是，当时案件激起了太多的关注与太大的公愤，警方根据五少年的自供，将他们送上法庭，面对血淋淋惨不忍睹的现场照片，陪审团作出五少年犯罪的判决。

此一时也彼一时也，当时轰动纽约的血案所造成的媒体声势到了2002年已经不在，没有多少媒体愿意为五少年的冤案而付出更多的笔墨，因此这件事情的翻案也并没有得到更多人的注意。五少年被无罪释放的时候，已经今非昔比，当年的少年已经成为青壮年，他们的大好青春在监狱里被耗损。出狱后，五少年开始将纽约政府告上法庭，要求赔偿，但是此状告被纽约市政府拒绝，不愿作出赔偿，至今这个案子还没有得到最后的解决。

如果不是一部纪录片，上述的一切都不会再引起任何人的注目。2009年，电影制片人Ken Burns及女儿Sarah Burns等三人根据此案拍摄了一部纪录片，将此案的全部案前幕后拍摄下来，并取名*CENTRAL PARK FIVE*，中方的翻译是《中央公园五罪犯》，其他还有什么中央公园五杰，第五中央公园等捕风捉影的乱翻。正确的翻译因该是《中央公园五少年》因为他们已经被无罪释放，不再是罪犯。这部纪录片于2012年5月在美国著名的Sundance电影节上放映，获得一致好评并获奖。目前这部电影将于近日在全美公映。

这部电影纪录片真实地揭示了80年代纽约的经济与犯罪的历史大背景，以及当时那个大环境导致法律对有色人种嫌疑犯的歧视以及不公。同时，也通过走访当事人，将台前幕后那些不为人知的故事以纪实的形式告知世人。无论如何，这是一部不容忽视的历史真相的纪录片，发人深省。如果说，中央公园的血案间接地促成了纽约政府改造纽约的决心，那么这部纪录片就直接促成人们重新回顾历史，翻开案件的真相，让所有参与人的良心得到重新的审视。单从这方面来说，这部纪录片就是成功的！

2012-11-16

KOKONAISEN VUOSIKYMMENEN AJAN
HÄN JÄLJITTI KAIKKIEN AIKOJEN
ETSITYINTÄ MIESTÄ

ZERO
DARK
THIRTY

ELOKUVAN HURT LOCKER
OSCAR®-PALKITULTA KÄSIKIRJOITTAJA-OHJAAJALTA

我们
生活
在一个
杀戮
的时代

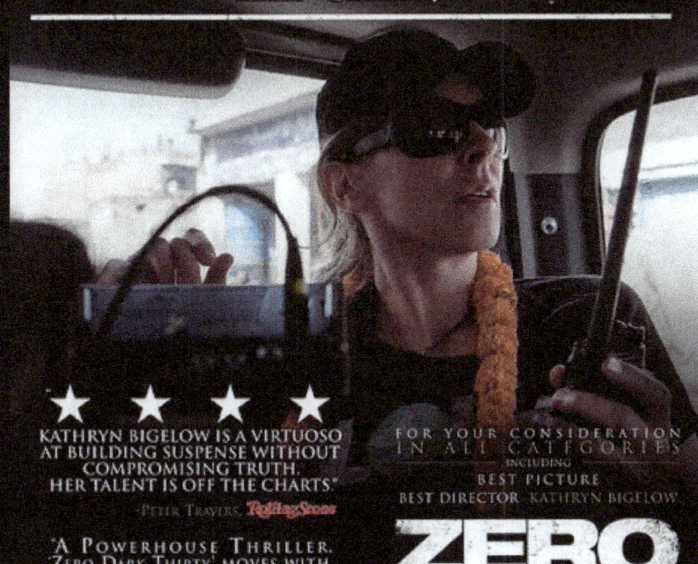

如果没有在美国本土上感受到 911 事件带来的震撼与冲击，那么你无法全部理解《猎杀本 · 拉登》*ZERO DARK THIRTY* 所带来的精神冲击，以及女主角 Maya 作为 CIA 谍报人员的工作狂精神。

虽然导演凯瑟琳 · 毕格罗 Kathryn Bigelow 以纪录片的形式拍摄了这部颇有争议的电影，没有倾向于任何人的立场或者情感，但是在女主角 Maya 那种孤独求败而义无反顾的身上，你感受到了 911 给全世界带来的巨大压力以及后果。如果一个人对自己的本职工作不是倾注了全部的心血，就不会取得巨大的成绩，而驱使一个人疯狂工作的未必是钱，而是一股精神，为 911 死难人报仇的精神，以及为自己的死去朋友同事雪恨的决心。

911 事件带给美国的不仅是经济、人文以及精神的重击，也是给全世界人们带来的一个恐怖的阴影。想当初，许多国人为 911 袭击美国事件而感到幸灾乐祸，但他们不知道 911 改变的不仅仅是美国，也是和平在全世界的格局。从此，恐怖的阴影改写了一切平和的生活，也改变了每一个人的生活以及看待世界的角度。最起码，旅行的时候不会享受免检登机的可能，一瓶水也无法携带上机，曾经无忧无虑登上飞机飞往任何国度的心态也荡然无存。别跟我说，恐怖主义与你无关，也别幸灾乐祸其他国家和人民遭受的恐怖袭击，如果没有一个人文的心态看问题，很多事情都可以事不关己，搞搞挂起。就从这一点看，凯瑟琳对恐怖主义的看法已经昭然若揭，从 CIA 特工 Maya 的身上体现出来。也许反恐只是一项工作，但是当你的朋友和同事被恐怖分子杀害的时候，工作已经变成了复仇的工具，精神寄托的出口。这也是这部电影对 CIA 特工对恐怖分子实施酷刑这一手段的合理解释，因为酷刑可能阻止下一次的恐怖袭击，提供一个解救平民生还机会的可能性，从而让自 911 以来全世界发生的恐怖活动写上逗号，如果不是句号的话。正如电影通过特工之口所说，当 911 事件杀死了三千多个无辜的生命时，人道已经不存在，恐

怖分子所受到的待遇不过是以其人之道还其人之身而已。

凌晨12点半的黑暗不仅仅是射杀本拉登的暗夜所带来的黑暗，也隐喻着自911事件以来到射杀本拉登结束的那十二年之中悬在每一个人头脑之中的恐怖黑暗。黎明前的黑暗总是最危险的，但无论如何预示着黎明的到来，也许凌晨12点半的意义也在于此。如果你想看电影的目的是娱乐或者喜欢动作片的刺激，那这部电影绝对不是你喜欢的。因为它以最冷静、最客观的态度讲述着CIA十二年来追杀本拉登的行动，以及在这场行动中所付出的沉重代价。这是一部黑暗孤独的电影，所有讲述的方式也充满了压抑与沉闷，但这种压抑与沉闷确是人类相互残杀的时候所经历的，也是这个现实世界的真面目。看完了这部电影，你才觉得超级英雄不过是幼稚园的梦想，好莱坞孤胆英雄的动作大片不过是娱乐的票房，而真正地与我们相伴的就是野蛮荒蛮的世界，以及在这个世界中相互残杀而自以为捍卫某一种道义或者主义的愚昧。

我不觉得这是一部刺杀恐怖分子的故事片，因为看完了以后你心的沉重犹如女主角Maya一样，在最后不知身往何处，心落何家。在12年的追杀恐怖分子的行动中，自己也成为了恐怖分子的刺杀对象，看惯了杀戮场面，心也蒙上了沙漠之灰，那一种失落和彷徨更多的是精神上的无着无落。她清楚，恐怖分子不会因为本拉登而消声匿迹，面对人类的就是无尽的精神黑暗。这部电影从某种意义上讲，让我对人性充满了失望，这种感觉已经超越了国度与国家，也超越了民族的范畴，而是对人类的反思。对那些说这部电影宣扬了美国精神和主义从而心怀抵制的人，我想说，*ZERO DARK THIRTY* 想阐述的是人类应该面对的恐慌。我们生活在一个充满了杀戮的时代，硕果仅存的就是我们一颗悲天悯人的心，如果这个都没有了，那希望也就不存在了。在这一点上，我向导演凯瑟琳·毕格罗致敬，从她的奥斯卡获奖影片《拆弹部队》起，她用电影语言所描述的战争的残酷与非人性透露了她心怀的悲天悯人之情，而这种人性的扫描已经成为了她电影的注册商标。

2013-1-7

杀尽天下
不平的快感

原来没打算去看《被解放的姜戈》*DJANGO UNCHAINED*，得知是鬼才导演昆汀·塔伦蒂诺Quentin Tarantino的新片，才等不及要去影院看看。昆汀的电影我一向都是热衷的，他的电影叙事风格和幽默都是让人叹为观止的，痛快就是对他电影的唯一评论，就像昆汀热爱的五六十年代的香港武侠片一样，支持正义，爱憎分明就是他的电影人生总结，他拍得痛快，观众看得也爽！被解放的姜戈沿袭的就是昆汀的一贯路线，报仇雪恨心狠手硬，杀出血路偶成英雄！太痛快了，看得我热血沸腾，精神气爽！

首先，这是一部向美国西部片敬礼的电影，拍出了西部片的精髓，那些没有看过美国西部片的人自然不懂得美国西部片的那种游魂西部、以枪为伴，誓将天下不公都杀尽的味道，充满了灵魂与精神的自由。从电影的开始字幕出现，充满西部风格的音乐到荒山野岭的那种时光穿越般的悠长单镜头，就注定了这是一部西部风格的电影。

西部电影贯穿了美国创立的精神，那就是独立自主，一杆枪扫尽天下的不平与不公！如果你想报仇雪恨，伸张正义，那么一杆快枪的手艺就是你的勇气和精神的依靠。记得第一次看美国西部片，就被这种自由的精神震慑，没有所谓的正义演讲，但通过行动就让人明白所谓的自由与正义都是行动的语言。所以，当影片中的德国前牙医舒尔茨一露面就一杆快枪解救了姜戈和其他的黑奴，那种无言的痛快让我心花怒放！舒尔茨何许人也？他就是那种心怀正义之气，见不得不公的、有学问、有品位、有价值观的德国人，从他在电影结尾时对大仲马《三剑客》的那段评讲，你就知道法国大革命的自由精神已经深入他的骨髓，让他痛恨美国的黑奴制度，看不起残酷蛮横的奴隶庄园主，莱昂纳多·迪卡普里奥 Leonardo DiCaprio 饰演的卡尔文·坎迪 Calvin Candie，最终因为忍不住枪轰了那个混蛋而惹了杀身之祸。很多人也许会说，这是干吗啊，忍忍不就行了嘛，何必犯傻。其实，人生从来都是有价值观和理想观的，当看到别人践踏你的价值与理想，如同践踏你的尊严和底线，你无论如何都无法容忍。当然，如果你生在一个没有价值与理想观，唯有金钱才是出路的社会，你当然不会理解什么是“生命诚可贵，爱情价更高，若为自由故，两者皆可抛”的精神境地。而昆丁的这部电影的主题从某种意义上来说就是对匈牙利诗人裴多菲这首诗歌的最佳注脚！

其次，这部电影是诠释 1858 年美国南方奴隶制度残酷无情的最佳表现。当年看风靡一时的《根》时就领略了南方奴隶制的冷齿，而看了《被解放的姜戈》，你才领略了这种奴隶制度的血淋淋。如果想了解美国历史，这部电影一定要看，才能对林肯总统解放黑奴的决心表示无比的敬佩。遥想当年，恐怕黑奴制度的残忍血腥只有比电影有过之而无不及，多少冤魂枉死在南方的奴隶庄园，只有报仇雪恨才能让他们得到安息。也许，因为昆汀本人就来自田纳斯州，对那里的风俗历史比一般人更要近身，因此《根》的南部奴隶制风格被他拍摄的熠熠如生见怪不怪了。

最后，不得不提到电影的王牌卡司，每一个角色的选择都拍案叫绝，真是把该表现的都表现出来了，尤其主角舒尔茨医生的扮演者，67届金球奖最佳男配角以及82届奥斯卡最佳男配角得主克里斯托弗·沃尔兹，把那种德国人标准的叫真儿精神演得惟妙惟肖。沿袭了他2009年在昆汀·塔伦蒂诺执导的《无耻混蛋》中的德国军官，这位精通德语、法语和英语三门语言的奥地利演员克里斯托弗在这部电影中的表现更是绝，将一个看上去书生气十足的牙医实际上有一手快枪绝活的赏金猎人演绎得惟妙惟肖。

还有帅哥明星莱昂纳多·迪卡普里奥Leonardo DiCaprio饰演的奴隶庄园主简直让人对这位演技派演员演啥像啥的能耐佩服得五体投地！虽然这里面他不仅不帅，而且还难看，但是他的庄园主扮相和气质让人觉得这个人太恶了，太该死了！顺便说一句，莱昂纳多没能得到过奥斯卡奖是我最为不平的事，他的演技从《罗密欧与朱丽叶》就炉火纯青，他主演的《泰坦尼克号》得了那么多奖就是没有他的份儿也让我忿忿不平，难道是因为他太年轻太帅的原因吗？？？

最让人印象深刻的就是因演绎昆汀电影《低俗小说》*PULP FICTION*而获得奥斯卡最佳男主角的得主塞缪尔·杰克逊Samuel L. Jackson 扮演的那个心黑手辣的黑人管家，那种不断变换的凌厉眼神，在无言中说尽了眼睛中的一切想法，不是一般的人可以演出来的。不知道为什么他让我想起重庆事件中的王某人，就是那种奴才比主子还坏的狠角色，不一枪轰了他还轰谁？

最后不得不说黑人演员，以《雷》*RAY* 获得2004年的奥斯卡最佳男主角奖的杰米·福克斯Jamie Fox 简直太帅了，一个黑奴翻身成为快枪手的角色被他演得充满了力量，最后的结局因此也因为他的潇洒干练和决断而成为了难以置信中的置信。

好了，咱就不说什么电影情节了，否则坏了其他人的胃口，总结一下，如果说《杀死比尔》奠定了昆汀电影的商业地位，那么这部综合了美国西部片，香港功夫片的《被解放的姜戈》就让商业地位更上层楼，从票房和影评家与观众这三点都大受欢迎来说，你就知道能将电影拍得如此畅快淋漓，一路杀到底没有任何犹豫，非昆汀莫属！

2013-1-15

时代就像一面倒视镜，
回放的未必是幸福！

《在路上》

终于有人将美国作家杰克·凯鲁亚克Jack Kerouac《在路上》*ON THE ROAD*这部名作搬上电影屏幕了，这是一部非常不好拍摄成电影的书籍，所以这么多年来，还没有拍成电影版。如今，来自巴西的导演Walter Salles敢于将它拍成电影，看出这个以职业赛车为副业的赛车手对杰克·凯鲁亚克作品的狂热！

说到杰克·凯鲁亚克的《在路上》，就不得不提到他的好友，美国著名当代诗人艾伦·金斯堡Allen Gingsberg的《嚎叫》*HOWLING AND OTHER POEMS*诗集，作为垮掉的一代（Beat Generation）的代言人物，他们曾经在80年代的中国改革狂潮的席卷下影响了整整一代中国文人。

《在路上》起源于40年代时，杰克·凯鲁亚克与他的一帮文人朋友横穿美洲大陆的经历写照。这一路上，他们干尽了那个时代不良年轻人干的事情，偷窃，吸毒，性爱，爵士乐外加诗歌，整个旅程弥漫在彼此对人生、对生命都采取的一种毫不在乎、漫不经心的生活态度上。经过了几年的酝酿，杰克·凯鲁亚克于1951年4月用几天的时间狂热地打字，完成了这部小说的最终版本。但小说几经磨难，到了1957年才得以出版。没想到此书一出，以《纽约时报》及《村声》等主流文学媒体纷纷表示了极大的赞誉，称此书为表现时代的杰作。因为此书，跨掉的一代正式出笼主流，成为了

描述战后美国青年一代对时代不满而产生的反叛行为的最佳总结。

《在路上》延续了美国纪实文学的一种自然简洁不加修饰的文风，大家对此好坏评论不一。杰克·凯鲁亚克自己讲述，他的写作方式相当于印象派画家，将所见所闻用直观的方式纪录下来，抛弃了传统的语法与修饰，而是直观地自发地完全凭借个人感情而书写下来的纪录。对此，我很表赞同，中国作家的很多文字充满了太多的对传统语法以及写作方式的羁绊，再加上政治特有的染色与限制，能够完全发自内心呼声的作品很少。当初王塑出来时一鸣惊人，很多文人以为他的文字非常受杰克·凯鲁亚克的影响，笔到手到地直观地将生活经历书写出来，打动同一个时代的人心。

至今，《在路上》对我而言，只是一部回忆八十年代末期，九十年代初期中国当代文学从开放走向繁荣的盛况，让我们想起彼此都曾经有过的青春岁月和反叛心态，以及盲目崇拜美国跨掉一代文人的年代。

根据这部小说改编的电影总投资 2500 万美元，今年五月首先在法国首映，大概觉得欧洲更能够接受一部由纯文学作品改编的电影吧，所以美国迟迟没有上映。迄今为止，这部电影的影评一般，基本上都是觉得两个半小时的长度以一盘散沙式的讲述方式描写了杰克·凯鲁亚克在四十年代横穿美洲大陆的过程，非常沉闷。其实，这本书描述的故事本身并没有什么特别，只是在那个时代，在那个美国历史战后出现的麦卡斯主义，对红色共产主义的惧怕、冷战时期初期等特定的时代背景下，那种放任自流、无拘无束的无政府主义生活态度成为了一个时代的青春代言，与现在的美国生活相差甚远，因此，文字上的那种狂热反映到电影中去可能就会成为莫名其妙。然而，出于对杰克·凯鲁亚克的敬礼，这部逆流而上的电影多少让我重新拾起在求学时代对美国当代文化的了解，回首往事中，亮色的青春如同电影镜头从眼前流过，带点辛酸，带点苦痛，更多地带有那个时代的烙印出来的冲动。有时候，时代就像一面倒视镜，回放的未必都是幸福。

2012-11-19

怀旧的华丽：天降杀机还是从天而降？

作为 007 电影系列的死忠粉丝，首映的头天就前往观看刚刚出炉的 007 新电影《天降杀机》*SKYFALL* 一点也不足为怪。

今年是 007 电影出炉的 50 周年纪念，回顾间谍邦德的 50 年生涯，横跨这么多不同的世纪，从冷战时期的诞生到今天反恐之战的复杂，历史已经改变，世界也不尽相同，作为向 007 电影五十周年的纪念与敬礼，这部电影的所承受的份量可想而知。

对于这么一部大手笔的电影和大部头的戏，50 周年的献礼片不是好拍的。自从一贯拍摄 007 电影的美国著名制片厂 MGM 因财务面临倒闭以来，这部被全球媒体谈论了两年多的电影制作走走停停，直到去年年底才终于重新开拍并完成。鉴于这个背景，MGM 在这部标志着荣誉的电影上不得不下了大功夫。此片的导演选择了擅长拍摄戏剧大片的《美国丽人》*AMERICAN BEAUTY*、《革命之路》*REVOLUTIONARY ROAD* 的奥斯卡最佳导演萨姆 · 门德斯 Sam Mendes，让人不得不对这部电影多了一份好奇与仰慕。因此，当这部惯于打打杀杀的间谍动作片被 Sam Mendes 修改成温情的间谍戏剧片之后，好评如潮，完全大有将 007 电影历史改写的气势，因为它不再是局限于邦德的外在功夫，而是深入间谍的内心，探索以往 007 电影甚少探索的一种内心情节。

也许很多 007 迷看了有些失望，毕竟 007 代表了一种动作的好看与

豪华生活的代言，使得在现实中失望的人们在梦想的电影世界遨游时，多了一份刺激和激动。而影片中，当 007 选择沉沦与内心世界的时候，那些年轻的影迷开始不解，觉得 007 的勇敢顽强的间谍精神开始变得沧桑。其实，间谍也好，邦德也好，所处的时代完全不同了，高科技取代了生活中很普通的东西，而让人们开始怀恋传统的美好，在这种心境下的怀旧与展望，都让 007 邦德先生多了一份无可避免的沧桑。毕竟曾经沧海难为水，我们记忆中的那个西服革履，美女成群的邦德帅哥经历了时代的变革以后，已经变得不再是简单的杀人机器了。

此片的主演仍然是令人血脉膨胀的丹尼尔·克雷格 Daniel Craig，不知为什么，自从丹尼尔·克雷格接任了 007 这块牌子之后，就赋予了邦德先生一种神奇的力量，我喜欢看他那种面无表情的酷脸，仿佛一切都在掌握中的那种自信，还有潇洒自如的风格与行云流水的演技，都是让我对 007 着迷的地方，也许他没有前版 007 的扮演者皮尔斯·布鲁斯南那么绅士味道，但是更符合 20 世纪的型男作风！虽然他并不英俊潇洒，但是在镜头面前所展现的邦德的干练气质与深度的演技让人刮目相看，尤其他在感情表演时的身体与眼神的细微变化更让人觉得邦德是一个有血有肉的人物，而不是一个花花公子式的帅哥而已。

这部电影翻译成为《天降杀机》其实并不靠谱，因为在电影中 *SKYFALL* 是邦德父母在苏格兰的老宅旧居。邦德带我们回到了他度过童年时代的地方，展示了一个世界级的间谍内心的感情世界以及如何塑造成为间谍的心路历程。

这部电影的配角都是演技派的一线大牌，获奖无数，包括奥斯卡最佳男配角奖项的演技派重量级男明星哈维尔·巴登 Javier Bardem，以及凭借《辛德勒名单》出名的演技派男演员尔夫·费因斯 Ralph Fiennes 在这部电影里面都有极其重要的戏份。他们两个在全球的演技派男星中都是数一数二的高手，拿奖拿得手都软掉，如今，肯出面演出 007 电影中的角色，可以说不看僧面看佛面。奥斯卡最佳导演萨姆·门德斯 Sam Mendes 每一部片子都让人拭目以待，不演出他的片子岂不是坐失良机？就是对获奖不感兴趣，也对强强联手一起飙戏心动吧！就是单从演员到导演都是奥斯卡重量级的这个方面都不能不说，*SKYFALL* 无论如何也不会坏到哪里去！

如果说是天降杀机，不如说是各位大牌从天而降，演出了一场极为养眼的电影大师秀，以及邦德时代的怀旧大戏！无论如何，这部电影让我们借机怀旧，从邦德跨越 50 年的老爷车奥斯顿 · 马丁 Aston Martin 的古董车上就让我们好好怀念了一下冷战时期的第一代邦德先生 Sean Connery，以及在他著名的《金手指》*GOLDFINGER* 电影中的奥斯顿 · 马丁 DB5。 虽然邦德先生在其他电影中不乏使用各种豪车的记录，但在这部 50 年献礼影片中，我们的邦德重新回归奥斯顿 · 马丁，如同回归 skyfall 老宅，往事唏嘘中都是跨越时代的厚重与感怀！让我们为邦德干杯，无论如何，他带领我们走过了电影世界的各种岁月，让我们不胜追忆那些似水年华，在曾经貌似如花似玉的年华中，我们自己也忍不住各自倒视一下已过的人生。

2012-11-19

BRUCE
WILLIS

JOSEPH
GORDON-LEVITT

EMILY
BLUNT

FACE
YOUR PAST

FIGHT
YOUR FUTURE

WRITTEN AND DIRECTED BY RIAN JOHNSON

LOOPER

《环形使者》

改变人生的循环轨道

“它并不是刻意玩弄技术上的特效，而是让这些时间穿越的特效作为讲故事的道具，而达到触动人心的目的”

未来世界 30 年将改变一切！在未来世界的 2074 年，美国最终被经济萧条击垮而凋零，造成社会腐败，黑帮横行。而时光旅行已经成为黑帮专用的手段。他们将想要除掉的人，即 Loop 送回 30 年前的 2044 年，让他们豢养的年轻职业杀手，即所谓环形使者（Looper）除掉。而这些以杀人为生的 looper 拿着杀人挣来的金钱过着醉生梦死的日子，根本不在乎他们杀的是谁。唯一能够终结他们这种日子的就是最终接到一单终结环形（close the loop）的生意，即杀掉未来的自己而挣到养老的钱，以此来终老一生。听起来像天方夜谭，但也许是这个世界上很可能发生的事情，只是我们还没有活到那个世界，暂且不管那个世界的事。其实，这个想法和念头很多人都有，不过是只见树木不见森林。编剧兼导演莱恩 · 约翰逊 Rian Johnson 因此而写下并导演了这部电影，最起码我是这样认为的。

《环形使者》*LOOPER* 这部貌似时空穿越的电影让很多专业的电影评论家都很纠结，他们认为这部电影面对大量的悖论（包括著名的外祖母悖论），因此，他们挖空心思想搞清楚这个时空穿越到底是哪种理论，是通过改变过去的努力来创造既有得未来式的宿命论，如《终结者》，还是改变过去，未来也会随之改变，像《回到未来》 那样的平行时空理论。

其实，这部电影的精彩根本已经超越了所谓科幻片的范畴。它通过主题故事讲述了一个年轻的杀手Joe的内心世界——良知与人性的觉醒。Joe是一个弃儿，被黑帮杀手头目收留，成为职业looper。每天的杀人生活让25岁的他已经麻木，醉生梦死的日子也让他厌倦，于是，他希望早日实现自己的梦想，就是有一天攒够了钱去法国居住。然而，当那天终于来临，他可以杀掉来自未来的自己老年版而退休时，一切却全部改变。不是他不想杀死老年的自己，而是老年的自己回到三十年前别有目的（为了挽救被黑帮杀死的中国老婆，一个他在上海爱上的改变了他后半生命运的女人）。因此，年轻的Joe不敌年老的Joe而失去机会导致他自己也被其他的looper追杀。Joe认为，他必须杀掉老年的Joe才可以让自己过上一个真正梦想的退休旅行日子，直到他从老年的Joe那里知道，未来世界中所有的looper都会被一个叫作造雨师Rainmaker的人杀光，他自己也不会存在。而这个叫作造雨师的人在30年前，他们今天的世界里不过是一个10岁的孩子。

当电影最后，Joe面对老年的自己，为了挽救自己老婆而必须将10岁的造雨师杀掉的时候，他不得不做出一个良心的最终抉择，即改变这个冤冤相报的恶性循环，牺牲自己。只有这样，他才可以保证10岁的造雨师不会因在失父丧母而必须报复的轨道上奔跑，长大成为杀人不眨眼的恶人。

正如这部电影最后借Joe的口说的那样，当你看到一个母亲为了孩子可以牺牲自己，一个丈夫为了挽救老婆的生命可以铤而走险，如果能够牺牲自己就可以改变未来的一切，包括社会、人性，他宁愿这么做。从

Joe的自我反省到牺牲，这个循环宛如一个短暂却伟大的人生。

其实，电影想告诉我们的就是，人生就是一个循环，在这个从生到死的循环中，一个人将如何做，如何寻找到内心的良知与道德准绳，就是人类的希望。环形使者通过佛家的经典，将生生世世恶性循环于冤冤相报的轮回和因果报应以这样的故事讲述出来。这样的一部电影不过是披着科技片的外壳，打着时光穿越的牌子，而感化观者人生良知的戏剧片。如果一部电影，能够让人透过特技、透过穿越理论、透过故事而感动人的内心，就是最成功的。正如导演莱恩·约翰逊所阐述的那样，他不仅仅是拍摄一部技巧娴熟的时空穿越电影，而是将思想的重心转移到故事的讲述上，从而做的出色。

我最感动的部分，就是当年轻的母亲对Joe说，当年轻的她抛下了自己的孩子，出没于醉生梦死的生活中，周旋在男人们的中间时，她看到的都是男人眼神之中的失落，这种失落促使她重新回到孩子的身边，用全部的母爱的付出，让自己的孩子长大以后不会再有失落。她的话让我泪盈于睫，一个母亲能够改变的就是一个男人的感情世界与他的未来，而这个男人很可能就会对社会做出不同的反应和影响。虽然大部分人都知道母爱的伟大，但很少有人会想到母爱对男人的穿透力与终生的影响。亚洲的母亲们与其更多地关心孩子的学业，其实更多的应该关注他们的感情世界与精神成长，因为，学业或许可以改变他们的生活，但他们的精神与感情世界的成熟却可以改变他们的命运和未来。

与其说，这部电影是本年度最好的关于时间悖论的科幻片，不如说，这部电影的故事其实感人至深。如果与其他类似的时间穿越的电影如《十二只猴子》、《终结者》、《回到未来》等相比，它并不是刻意玩弄技术上的特效，而是让这些时间穿越的特效作为讲故事的道具，而达到触动人心的目的，对不喜欢科幻片的观众来说，这是一部也许可以让他们爱上的片子。

2012-10-17

时间旅行，谁杀了你的外祖母？

我在《环形使者，改变人生的循环轨道》中提到了著名的外祖母（也有说是外祖父）悖论，这本身是一个非常有意思的题目，值得多说两句。

首先，什么是悖论。按照字典的解释就是：悖论bèi lùn [paradox] 逻辑学和数学中的“矛盾命题”。如果认为它是真的，则它是假的；如果认为它是假的，则它是真的。如说：“我现在说的是一句谎话。”如果认为它是真的，那么它就是一句谎话，是假的；如果认为它是假的，那么它就不是一句谎话，是真的。悖论长期被认为是一种无聊的诡辩，后来在严谨的数学理论中发现了悖论，才对悖论作了科学的研究，得出了有益的结果。

那么什么是外祖母（父）悖论呢？“外祖父悖论”是关于时空旅行的一个有名的悖论，说明白了就是鸡生蛋还是蛋生鸡的问题，那就是假设时空旅行真的存在，那么假设你通过时间旅行到过去，杀死了你的外祖（母）父，那结果会怎么样？因为如果祖父（母）已经死了，作为未来的你就必定不会存在，既然你不存在，也就不可能回到过去杀自己的祖父（母）。据说，这个时空旅行的理论最先由法国科幻小说家赫内巴赫札维勒在1943年的科幻小说《不小心的旅游者》中提出：假设你回到过去，在自己父亲出生前把祖父杀死；因为你祖父死了，就不会有你的父亲；没有你的父亲，你就不会出生；你没出生，就没有人会把你祖父杀死；但若没有人把你祖父杀死，你是否会存在并回到过去且把你的祖父杀死？

在《环形使者》*LOOPER*中，很多人提出，假设杀手Joe牺牲了自己，那么未来的老年版就不会存在，而老年版既然不存在，怎么会回来再告诫 Joe并且试图杀掉只有10岁的造雨师 Rainmaker 呢？其实，

解答这个问题也很容易。那就是一个人如果改变今天的自己，就会对未来进行改变，但并不是说过去并不存在。Joe的过去一直存在，因为老年版的 Joe会回到30年前来改变命运，但是如果年轻的 Joe杀掉了自己，那么老年版的 Joe就不存在了，也就是说未来已经被 Joe改变，但并没有抹煞过去，因而导致 Joe今天以及明天的命运。

其实，这个外祖母（父）悖论是建立在爱因斯坦相对论的基础上。爱因斯坦的广义相对论认为我们的宇宙是平行相通的，我们可以通过时空旅行回到过去。而正如外祖母（父）悖论所理解的那样，通过时间旅行回到过去这个理论成立，就会产生外祖母（父）悖论。在爱因斯坦的狭义相对论中，我们又被告知时间和空间是彼此联系的，由于光速恒定，所有运动，甚至时间本身都必须与之相对应，由此时间也是相对的。因此，英国著名的物理学家霍金提出了“平行空间理论”。霍金解释说，时间旅行者回到过去改变历史后，时间线便出现分杈，分杈的时间线展开的是另一段历史。然而，如果我们能够回到过去，就可能破坏因果规律。于是，祖母悖论也被这样解释：由于时间与空间相关，因此祖母被害，世界因历史的改变被一分为二，从而产生时空的分支，那么在这个空间里的我就不存在了，但另一个空间的祖母仍然存在，也便还有我存在。

很多关于时空穿越的电影比如著名的《回到未来》都是采用这个平行空间理论而形成的。而在《环形使者》中，它无视于这些理论的存在，或者说超越了这些理论的单调，而制造出一个戏剧性的世界，在这个世界中，每一个人物的出现都有着自己本身的因果关系，而这些因果关系因为每一个人的人性与道德的觉醒而彻底改变，这就是导演想与观众探讨的，也因此让这部电影再次将时空旅行的各种理论满天飞，各路人马都在探讨，而形成了一个新的气候。所以说，很多专家都认为这部电影冲破了原有的时空旅行的理论，而观众才不管这些大道理，只从故事中图个开心。而我这种观众也是因为被电影中的母性觉悟而感动，再三放不下去，而写出一篇博文。虽然话题重了点，但是对时光旅行感兴趣的朋友来说，可以起到投石问路的作用！

2012-10-18

"OSCAR"-CALIBER RICHARD GERE FIRING ON ALL CYLINDERS."
ROLLING STONE
RICHARD GERE
BRIT MARLING
TIM ROTH
SUSAN SARANDON
ARBITRAGE
POWER IS THE BEST ALIBI

千金难买老来欢！

似乎没有人能够比这位叫做 Robert Miller 的亿万富翁的人生更加美满的了。他在纽约市有着令人羡慕的豪宅，美满的家庭，有权有势有地位，还有一个貌美如花的年轻情人。一个男人该有的他全有了，没有的他也有了，似乎人生该没有什么不如意的地方了。

但是不然，这位名义上的百万富翁其实已经山穷水尽，公司账目上面因为投资俄国不利而亏损 4 亿多美金，靠着朋友借来的 4 亿多美金充帐，一边在将公司迅速脱手出售，暗自着急期望一切都如愿以偿地将这块烫手的山芋抛出，一边表面上还要假装一切都没有问题，在家人和情人面前装出一副天衣无缝的样子。糟糕的是，公司实际账目亏损却被他以假账对付审计的事情已经被身为总财务执行官的女儿发现，对父亲的违法行径表示出愤怒与失望。仗着女儿对父亲的亲情，Robert 暂时还可以瞒天过海，将公司卖给对手以求迅速脱身。但是借钱给 Robert 的朋友急眼了，催着他限期还钱。

然而最糟糕的事情却同时发生了，亿万富翁的地下情人在深夜与他出游时在高速公路翻车身亡。Robert 一边悲痛万分，一边却计划着如何掩人耳目，做出事发时候不在现场的假象。他只好请他长年雇佣的现已去世的黑人司机的儿子到出事地点接他，迅速回到家中的床上，假装与老婆同床共枕以做出事发不在现场的证据。人算不如天算，因为调查这件事情想把亿万富翁绳之于法的警方侦探一直利用各种关系做出对亿万富翁不利的追踪，这个具有仇富心态的侦探从黑人司机具有犯罪前科的儿子下手，步步紧逼，想利用这契机把亿万富翁一网打尽。

在四面楚歌当中，亿万富翁一方面还要装模作样地在华尔街出售自己的公司，安抚女儿与黑人司机的孩子，想办法叫他们按兵不动，一方面还要寻求对策，想法法将公司卖给他的对手，赶紧将 4 亿多美金还给借钱给他的朋友。

于是，一场你争我夺的套利战争开始打响，亿万富翁施展浑身解数，

以空手套白狼的策略展开了他在财政、法律以及感情上的最后挣扎。经过动人心弦的各种情节变换，亿万富翁终于如愿以偿，将公司以五亿多美金卖出，同时也请律师出面利用侦探的弱点让黑人司机的儿子免受刑法的处置。眼看着各种危机将过去，亿万富翁不禁松了一口大气。

就在我们这些观众以为亿万富翁可以解套的时候，出其不意的一幕出现了。亿万富翁 Robert 的老婆，那个看似不动声色的中年女人，此时使出了她的杀手锏。她拿出事先准备好的离婚协议要求亿万富翁签字，将所有的财产转入他女儿慈善机构的名下。久经沙场的亿万富翁当然不把老婆的要求放在眼里，拒绝签字，然而老婆说，如果他不签字，她就把他车祸事发现场不在家的事实报告给警方侦探，让他名誉扫地不说，还面临牢狱之灾。亿万富翁万万没有想到，最狠的角色竟然是自己一向忽略的老婆大人！其实，老婆一直清楚他的地下情，之所以装作不闻不问，就是看在他们一家人的富豪生活的面子上。如今，亿万富翁所作的一切游刃在法

律的边缘，伤害了自己的女儿的锦绣前程，做老婆的再也无法忍受了！没有一个母亲愿意看着自己的孩子受到丈夫的可能性伤害，即便这个丈夫是亿万富豪也不行。

这个故事是当前上演的一部电影《套利交易》*ARBITRAGE* 的情节。电影的最后镜头出现的是，Robert 参加宴会领奖，台面上接受女儿的祝福，好像一切照旧，依然风光，但是只有他心里明白，台面上演出的不过是他人生的最后一出戏，而真实生活中，他将一无所有。他一生为之奋斗的东西，金钱、地位、家庭都因为自己的踏错行当的瞬间而被付之一炬。正是，聪明反被聪明误，千金难买老来欢啊！

虽然，这不过是一部电影的情节，但生活中类似的男人却比比皆是。一方面表面风光地享受一切名利所带来的利益，另一方面却暗地里因为各种私欲而遭到即将来到的灭顶之灾，失去所拥有的一切。现实版中的著名人物， 那个我们大家最热衷谈论的那个政治风云人物薄熙来就是最好的佐证，不就是因为自己的老婆最终江山尽失。当然，如果不是他太贪婪，太张狂，太无情，太自负等等，他也不会沦落到这个地步啊！一切还是因为自己的聪明耽误了自己，小不忍而乱了大谋！

值得一提的除了电影的三大主演 Tim Roth，Richard Gere 和 Susan Sar-andon 的出色演出外，就是电影导演 Nicholas Jarecki。这位 28 岁的年轻导演，是地道的纽约客，毕业于纽约大学电影学校，与李安和陈凯歌都是校友。此部电影是他自编自导的一部片子，作为一个靠拍 MV 以及广告起家的导演，这部片子奠定了他的导演和编剧地位。

2012-9-18

人生没有错误

TWO SPIES.
THIS

NO RU
S WA

ONE GIRL.
MEANS
N CINEMAS MARCH 2.
This Means War UK

我们从小受到的教育就是，人人都犯错，就是不犯错，也是有则改之，无则加勉。所以当今天我听到这句话，人生没有错误的时候（There's no mistake in life），自然大惊小怪了一下。

这句话来自电影 *THIS MEANS WAR*，中文居然翻译成《情敌大战》！说这句话的单身女 Laura 跟着男朋友从亚特兰大搬到大城市六个月后，发现男友劈腿而分手。因此，她认为当初爱上这个男友，并因为爱而追随他搬家到大城市是一个错误。然而，另一个喜欢她的男人却说，这不是一个错误，因为它让你成为你！这句话后来在电影中又出现多次。There's no mistake in life，意思就是说，人生没有错误。因为，每一个错误的发生都有一个原因，而这个原因就使得每一个人的道路不同，每一个人的机遇也不同。换言之，每一个所谓的错误都早就了一个结局，而这个结局也许彻底改变了你，让你的生活改天换地，不管好坏，这就是你的人生，你之所以成为你的契因！

仔细想来，这话倒也说得对，你看，如果 Laura 没有跟着那个让她在感情上犯了错误的男友搬到新的城市，就不会遇到后来喜欢的那个男人，也不会因此而找到终身的幸福。因此，回头看来，她这个所谓的错误其实就是一个造就了她日后幸福的机会！

我们每一个人在人生中，都认为自己在每一个阶段都多多少少犯过错误，因此也多多少少产生过后悔之心，甚至期望时光可以倒流，自己可以去改变这些错误。其实，如果从另一个角度看问题，没有这些错误的发生，我们不会学到经验教训，也就不会在日后的人生道路上更加成功。

女人常常容易认为自己在感情道路上犯了错误，选错了男人，而导致了自己人生的各种痛苦。我们常常听到母亲对女儿说，我早就说过，如果你不是选错了这个男人的话，你的生活会更好！做母亲的自然是为女儿好，希望女儿不要在人生的道路上遇到错误的男人，可以更加一帆风顺。其实，人生哪里有一帆风顺这种事情啊，尤其感情上面，爱上一个人有时候根本就不需要理由，因为爱本身也是盲目的。真的爱一个人的时候，即便这个人明明是坏蛋，女人们也难以自拔。按照人生没有错

误这个理论来说，我们没有必要把导致人生低潮的事情视为错误，因为每一个低潮的未来也许就是高潮，没有经历痛苦的人也就不会珍惜幸福，或者幸福来到时，也不会认清这是一个幸福的机会！

其实，如果我们中国女人们从小受的教育就是，人生没有错误，你应该勇敢去尝试。我们也许会变得很不同，不会因为一个男人给我们造成的伤害而耿耿于怀，不会因为一颗老鼠屎而坏了一锅汤，也不会因为既然已经犯了错误就将错就错，让痛苦跟随自己一辈子。如果人生没有错误，我们就解放了自己的精神和思想的枷锁，而放大了胆子去寻找自己的所爱，甚至所恨，并在这种爱恨之中学到人生的真谛，而变成一个更加成功的自己！

电影中的单身女 Laura 后来在两个她同等喜欢的男人之中，选择了这个对她讲述人生没有错误的男人，就是因为聪明的女人不应该选择一个更好的男人，而是要选择一个可以使她变得更好的男人。这句话也让我玩味了许久，如果人生没有错误，女人们都聪明地选择一个可以使自己变得更好的男人，那么不仅我们的生活，我们生活的这个世界不是变得更加美好了吗！

《情敌大战》这部电影虽然不太靠谱，但是这几句有关于感情上面的话却让我大开眼界，乃至重新审视自己的人生。其实，回望过往，正是所谓的错误改变了我们人生的轨道，而这个轨道的改变使得我们变成今天的自己，如果我们当初没有遇到这些错误，没有改变当初的轨道，我们的人生会变得比现在更好还是更坏，我们不得而知，不过，当我们看到我们人生中因此而出现的让我们满意的人和事，比如孩子，比如家庭，比如朋友，比如事业以及工作等等，我们现在拥有的也让我们开心，我们不得不说，这些错误是值得的。

2012-5-13

RACHEL
McADAMS
CHANNING
TATUM
THE VOW
INSPIRED BY TRUE EVENTS
假如
人生可以
重新选择，情
是否依旧
？
J. MILES DALE AUSTIN HEARST SUSAN COOPER
STUART SENDER
Soundtrack on Rhino
SONY
make.believe
www.SonyPictures.com.sg
IN CINEMAS 5

假如你有天醒来，忽然发觉自己记忆全失，周边的一切都变得如此陌生，唯一还在脑海中停留的依旧是在大学中的记忆，你青春最灿烂最勃发的时代，你会怎么样？你是否会认为这是上帝给你的一个重新做人的机会，而将错就错，重新开始新的人生？还是会试图找回记忆，找回过去的生活与朋友？我们人生走过很多路，认识过很多人，爱过，恨过，被伤害过，也伤害过别人，回首已经过去的岁月与道路，很多时候，我们都会希望从头再来，假如再有第二次机会，你是否会选择一个完全不同的对待方式，还是重蹈覆辙，爱上同样的人，做出人生同样的选择？这就是电影《誓约》*THE VOW* 的主体思想，貌似一个爱情电影，其实所涉及的已经不仅仅是爱情那么简单。电影讲述年轻的女艺术家 Paige 爱上开音乐录音棚的 Leo，两人一见钟情，相见恨晚，很快就结婚了，并发誓要爱对方一辈子。然而，不久年轻夫妇遭遇车祸，Paige 在医院醒来的时候，已经完全失去最近五年的生活记忆，唯一记得的还是念法律学院的时候，爱上过，也订婚过的英俊商人。

最糟糕的是，面对依然爱她情深的丈夫 Leo，Paige 毫无感觉，仿佛两个人曾经的爱与誓言都是南柯一梦，过眼云烟。Paige 甚至不再喜欢她自己是艺术家的身份，回到自己以前的富裕生活中，继续享受父母的宠爱，甚至重回法学院，也打算继续与曾经的未婚夫重拾旧情。对于失忆的Paige来说，Leo所代表的一切已经成为过去，成为她所不认识的生活，她未必喜欢的艺术家生涯，她想从头开始，从新选择人生。然而，Leo 无法放弃他一生的最爱，他想尽办法接近 Paige，希望她能够爱火重燃。你不能放弃过去，因为那是你自己的选择，如果你放弃了，就等于你过去的人生之路白走了。Leo 如是说。Paige 的医生也对她说，无论如何，就是你害怕过去的生活与选择，想重新选择，你也应该重新找回自己的过去，给自己一个重新选择的机会，而不是将过去完全放弃。于是，电影就在这样的一场关于感情，人生的纠结中持续着。

也许很多人面对 Paige 的生活都会选择回头，回到父母提供的一个富裕的家里，优越的生活环境中，继续念法学院，出来当律师，选择嫁给已经事业成功的商人，从此过上衣食无忧，人生美好的主流社会生活。然而，一个人的人生之所以与众不同，就是每一个人的选择不同，不同的选择导致不同的道路，而不同的道路导致人生的不同。归根结底，人的个性决定选择的不同，而不同的结果就是注定了你自己生命道路。比如说，一个喜欢艺术的人是很难选择商业，而酷爱挣钱的人很难选择艺术，一旦你做出了选择，你其实已经踏上不归路，只有认清自己的归宿，才能够做到内心的真正平静，而不是看着碗里的，想着锅里的，鱼和熊掌兼得。

看看我们周边，有多少人选择了自己的人生却仍然天天不满，有了东依然想得到西，而真得到了西的时候还惦记着南，永不知足，永不快乐。其实人性懦弱，充满贪婪，绝对不相信鱼和熊掌不可兼得的古训，有了钱有了感情还不满足，仍然这山望着那山高，希望自己的钱更多，老婆更美，老公更帅，情人更年轻。因此而导致自己的人生充满了不满足，也永远在追求着一种虚妄，虚无，即使一辈子得不到，脑子里面仍然惦记着，自己这辈子没有活痛快，还拉着周边的关心自己的人都不开心。

其实，有的时候我们需要的很简单，就是一个誓约，一个可以相守一生的爱人，一个让自己开心的家，只是当很多人都都得到这个时候，却浑然不知，直到失去，甚至阴阳两隔。有时候想想，钱固然很重要，即便它无法买到幸福，有时却可以买到自由，但是如果你已经得到了一生的快乐（也许是一个相爱的人，也许一个充满天伦之爱的家，也许是事业的辉煌，也许是金钱的奢华），得到了内心的平静，人生就已经是幸福的了。

回头再看，有时候当然我们因为年轻，因为无知，可能选择错人生，希望可以得到机会从头再来，但是我们最终的道路还是要选择自己所想、所爱、所追求的，方可幸福，否则，不管你得到多少，都不会满足，都不会真正的快乐。就拿电影中的艺术气息很浓的 Paige 来说，如果她选择重新回到过去的物质生活中，得到完全不同的另一种生活，她的内心会满足嘛？她的人生会幸福吗？那真会是她所想、所爱、所追求的吗？就像每一个人一生都挚爱过一个人，如果你真的面对一个选择的机遇，你是否可以放弃眼前的物质生活，重拾旧爱？或者你比较幸运，所娶嫁的就是你爱的那个人，但是随着时光的流逝，爱已消融，你希望重新选择，不是为爱而婚，而是为钱而娶嫁，那么你心底真的会更幸福更快乐吗？

环顾周边，太多的人选择了与自己内心完全不同的东西，为了钱，为了生存，为了所谓更好的生活。而人生真的到了一个程度的时候，自己内心的恐慌、不满、焦虑全爬出来时，导致了人生的出轨，生活的破碎。如果，从一开始我们就可以畅所欲言，自由自在，选择自己可以选择的生活，我们的人生大抵还不至于如此彷徨。有时候，追忆似水流年，你是否记得自己曾经的誓言，不是给别人，而是给自己的誓言？人生苦短，我们应该为自己守约，实现自己心底当年的誓言，对得起自己的人生！

2012-4-11

"Sometimes you just
need to get away"

我与梦露的一周

My Week
with **Marilyn**

A Simon Curtis Film

Michelle
Williams

Eddie
Redmayne

Kenneth
Branagh

对于我来说，《我与梦露的一周》*MY WEEK WITH MARILYN* 与其讲述的是一个 23 岁的英国男孩 Colin Clark 如何与当时男人们都崇拜的性感女神玛丽莲 · 梦露度过一个星期的美好时光，倒不如说是近看一代性感影星玛丽莲 · 梦露真实的内心与感情纠结的记录。

首先，我非常喜欢玛丽莲 · 梦露，第一次看她的电影，我就被她的迷人的姿态，纯真的个性，风趣与幽默的举止迷住，她的性感尤物的外表倒是其次，而她所扮演的角色所焕发出来的光采却是暗色中的一抹亮丽，在你不经意之间就会照亮你的内心。

像梦露这样一个外表亮丽诱人，却貌似单纯到有点傻的女人，绝对给男人们一个极其容易下手，容易让她上当的印象，也许这就是千万男人迷恋那个银幕上的性感女神的原因之一。其实生活中的梦露与任何漂亮女人都一样，内心有着强烈的缺乏安全感。这个不安全感来自她不幸的童年、坎坷的身世，她对感情的依恋和对男人的梦想，也来自好莱坞这样的美女明星成群、相互竞争青春的梦工场。这样的女人是长不大的孩子，是魔鬼与天使的结合体。她犹如一个成熟的蜜桃，极其灿烂迷人的外表下，确是一个极其缺乏安全感的孩子，永远在追寻着男人们对她的肯定，男人们对她的价值的认可。这样的女人天生就是男人的玩物，尤其那些怀有心机，绝对利用她的男人们，比如因为她的性感与美

貌而邀请她到英国来拍片的导演、著名英国影星劳伦斯·奥利弗，她的丈夫、美国剧作家阿瑟·米勒Arthur Miller，她后来的秘密情人、美国总统肯尼迪。这些男人不过就是想利用梦露的名气，美貌以及单纯达到自己的商业或者欲望目的，要么让梦露的青春美色照亮自己苍老的外表，重振年轻的勇气（劳伦斯·奥利弗）；要么通过娶一个最具有商业价值的明星老婆给自己已经江河日下的写作生涯打气（阿瑟米勒）；要么就是想在肉体上占有一个好莱坞性感女神从而满足权利男人的欲望（肯尼迪总统）。而可怜的梦露，天资聪慧却逃不过红尘一劫的女子，却一生都无法离开这些利用她的男人们，最终达到了她的崩溃与凋零。

正如人们常说，女孩要富养，男孩要穷养。确实，像梦露这样一个从小寄人篱下，在别人家庭中长大的女孩子，被穷养出来的孩子，能够正常的做一个普通人恐怕都是能力有限，更何况要做一个好莱坞的大明星啦，内心的焦虑不安，仓皇挣扎，感情缺失等等心理上的弱点都成了最终蚕食她生命的刽子手，不是药品，不是酒，而是她内心本来就残存的自信与安全感，而是熟男们对她的利用以及伤害。

这部电影不过讲述了梦露的一个星期，在这一个星期中，梦露向我们展示了她最平常的一面，也是最神经质，最缺乏安全感的一面。这是一个真实的梦露，那个总是愿意上熟男当的美女，那个总是在熟男们那里寻求感情慰籍的单纯女人，然而真的能够给她带来些许快乐的却是单纯的、还没有成为男人的男孩子。只有在涉世未深的男孩子 Colin Clark 面前，她才可以做到真正的自我，将自己在成熟男人面前表现得妖娆媚态都放下来。梦露对于 Colin Clark 的需求，如同一只小猫对另一猫的需要，一个玩伴，一个可以让她伤痕累累的内心得到片刻安宁的港湾，仅此而已。因为她知道，好莱坞，明星圈都是熟男们的战场，只有熟男们可以让她成为好莱坞的女皇。如果想继续成功、想继续成名，她只有不放弃她已经得到的名利，并且完全地放弃自己内心硕果仅存的单纯。在 Colin Clark 这样年轻的男孩子群中，她能够得到的就是单纯的仰慕，仰望，而她确实需要仰慕别人仰望别人才能够成为一代性感女神的。

经历了与梦露的一星期，单纯的男孩如 Colin Clark 最终都开始成熟，开始改变自己，成为未来的熟男，成为以后驾驭像梦露这样身世坎坷，内心单纯女的一生。如果不是与梦露的一个星期，他也不会写出一本最终拍成电影的传记，成为所谓成功的剧作家。也许，这就是梦露带给男人们的礼物，她永远都没有能够明白自己自身的真正价值，即使是在服药过度（或者是人为药物谋杀）死亡的时刻，她最后的电话都是打给她生命中的男人。

虽然梦露的扮演者米歇尔 · 威廉姆斯 Michelle Williams 凭借着出色的演绎而获得此届奥斯卡最佳女配角提名，但她演技再好，与真实的梦露相比，至多只能做到形似，而不是神似，因为米歇尔富裕的家庭与顺利的人生是无法让她真正的明白出身贫寒的梦露内心的迷惘。看着米歇尔唇红齿白地扮演着梦露的娇媚，我的心内却为着真正已经被沧桑磨碎心灵，已远在天国的梦露而感伤。

2012-2-29

特别响，非常近

EXTREMELY LOUD & INCREDIBLY CLOSE

A NOVEL

AUTHOR OF THE INTERNATIONAL BEST SELLER EVERYTHING IS ILLUMINATED

JONATHAN SAFRAN FOER

NOW A MAJOR MOTION PICTURE

STARRING

TOM HANKS SANDRA BULLOCK

'Dazzling' *Arena*

'Heartbreaking' *Daily Telegraph*

'Spectacular' *Observer*

911过去已经有十年了，随着往事的淹没与记忆的沉浮，很多十年前的回忆仿佛都已经成为了人们刻意躲避的内容。那是纽约历史上最伤心的时刻，也是改变全体美国人生活的转折点。没有一个在纽约亲历的人能够忘记911，但也没有一个人愿意拿911作为话题来作为谈资。911已经成为生命中最令人感伤的代名词，纽约归零地已经成为一块伤心地。然而，不管人们对911的记忆有多么沉重，往事多么不堪回首，那段历史是无法令人忘怀的，也不是因为人们不想记住的原因而能抹掉的。

当年记得奥利弗·斯通拍摄那部关于911纪实电影《世贸中心》时，招致了多少媒体与观众的恶评，没有人愿意记住那个黑色的日子，也没有人愿意为那个黑色的日子翻版记录，于是911成为了电影中的禁忌，如同人们的选择性记忆，成为了最不讨好，最不卖座的内容。

而有一部叫做《特别响，非常近》*EXTREMELY LOUD & INCREDIBLY CLOSE*的电影却不顾这些，顽强地提及911，并把故事的背景放置在911对纽约人造成的心灵伤害中。这部电影的主角是一个10岁的男孩奥斯卡·史埃尔，他是独子，与父母住在纽约曼哈顿的公寓楼里面。奥斯卡天生患有轻微智障，因此，他的父亲为奥斯卡付出了巨大的时间与精力来培养他，使得父子关系成了他们之间感情最亲密的纽带。就是这样一个父亲却偏偏在在911中意外丧生，临死前，奥斯卡的父亲给他留下了5个电话留言，就是这5个电话留言成了奥斯卡对父亲的最后记忆。奥斯卡坚信生者与死者之间只有7分钟的最后时间来进行最后的接触，而这7分钟的时间随时随地都可以离他而去，只有完成死者的最后夙愿，才能够延长他与父亲最后的7分钟全部记忆，让父亲的形象长留心间。无意中，奥斯卡在父亲的书柜上找到了一个写着“布莱克”的信封和一把钥匙。奥斯卡坚信这就是父亲留给她最后的线索，只有找到这线索的全部，他才可以完成父亲最后交给他任务，而这将是他与父亲之间最珍贵的记忆。随后的几个月里，奥斯卡瞒着母亲，在每个周末走遍纽约市的五个城区，寻找那个名叫“布莱克”的人以及这把钥匙可以打开的柜子。

就是这么一个简单的故事构成的一部电影，却打动了观众的心灵。因为，这部电影讲述的是父子之间感情相连的亲情，讲述了失去最亲最紧密的家人的那种心灵深处的伤痛，以及这个伤痛所带来的对人精神的打击，讲述了911作为一个整体的历史事件留给纽约人整体的伤痛，以及难以触及的回忆。

奥斯卡的全部精神支柱就是他父亲与他紧密地关系与感情，而一旦瞬间失去这个感情的依靠，奥斯卡就成为了茫茫人海中的孤舟，失去了全部生活的意义与勇气，而父亲最后留给他的钥匙成为了他全部的精神寄托，找到这个钥匙能够打开的柜子，就是黑暗的隧道中的唯一光亮，为了这个光亮，这个 10 岁的男孩在所不惜。

很多观众都讨厌奥斯卡对待母亲的态度以及他自作聪明的心态，开始我也是这样，但看到电影的最后，才恍然大悟原来奥斯卡与母亲之间存在着感情的疏离其实只是疗伤过程中人与人之间的无意碰撞而产生的误解。看到奥斯卡最终能够与母亲达成谅解并仍然深爱对方，心里面忽然觉得很释然。

亲人之间的相处本来就是一个难题，尤其遭受意外打击的亲人之间。每一个人都沉浸在自己的哀伤之中，而如何对待另一个生者则是一个更加难以处理的问题。911 让很多的家庭都失去了亲人，多少年来，他们都沉浸在失去亲人的心灵创痛中，而这种创痛有多少人可以理解，又有多少人可以渡过难关。

这部电影让人感到人生的厚重，与命运的无奈，而在这种艰难坎坷的人生旅途中，如何重新弥合心灵的创伤，如何重新振作，都是上帝赋予人类的考验，而唯一能够让我们忍辱负重走完人生长途的就是彼此间的重新理解与关爱。

作为今年奥斯卡奖最佳影片提名，《特别响，非常近》非常普通，没有悬酷的特技，也没有超乎寻常的意识流，但是却靠着对人最近距离的剖析，而让我们的心底产生共鸣。没有黑暗是不能渡过的，没有伤痕是不能愈合的，也没有绝对的悲哀，只要心里仍然有爱，就有克服一切的勇气。

2012-2-23

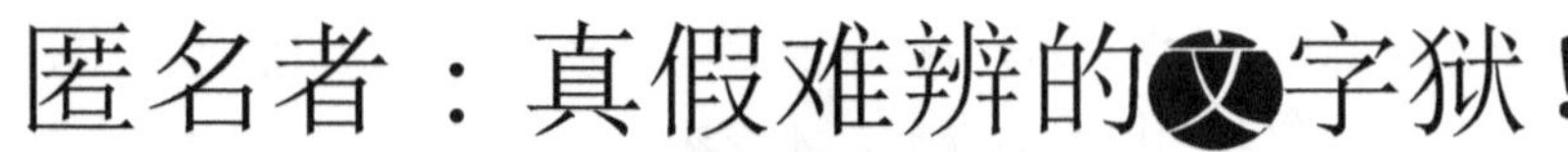
匿名者：真假难辨的文字狱！

RHYS IFANS
VANESSA REDGRAVE
JOELY RICHARDSON
DAVID THEWLIS
XAVIER SAMUEL
AND DEREK JACOBI
WAS SHAKESPEARE A FRAUD?
ANONYMOUS
THE CONSPIRACY WILL FINALLY BE REVEALED.

关于大文豪莎士比亚是否真有其人其作，《匿名者》*ANONYMOUS*

这部电影给你细细道来，看完了让人脑子里无端思绪萦绕，挥之不去！不得不坐下来写几个文字，将心里面的感触说一说，一部电影能够产生这个效能，不管它是否够级别，够水平，已经无关重要了。

根据《匿名者》这部电影，莎翁完全是个冒牌者，他只是一个极其贪财的小演员，机会来的时候懂得抓住不放，时世造英雄而幸运地成为了一代让世代后人称颂的大文豪。而真正的莎士比亚的作品则出自英国贵族十七世牛津伯爵爱德华·德维尔 De Vere, the 17th Earl of Oxford之手！爱德华伯爵是一个天资聪慧的才子，通晓多国文字，见多识广，喜欢舞文弄墨，尤其擅长以浪漫情诗俘获女人心，包括伊丽莎白女王都是被他浪漫的文字俘获成为炮友。在英国的那个时代，一个贵族不问政治财经，却每天沉溺在舞文弄墨中实在胸无大志，让人看不起，有点像中国旧时代的所谓的戏子与妓女一样都是下九流的事情，不为人齿。因此，伯爵只好淹没自己的才华，将所有的手稿收藏家中。直到有天，伯爵遇到了一个文采普通却自以为怀才不遇的剧作家本·琼生，决定让本冒充自己发表所有的剧本和诗集。但是本这个文艺青年居然有眼不识泰山，怕自己的文字个性被伯爵的文字个性泯灭，所以将此等好事居然告诉了一个认识的叫做威廉姆·莎士比亚的演员，为了拿到伯爵的400英镑的月钱，莎士比亚决定抓住机会自己获取这个不劳而获的财路。于是一代文豪莎士比亚横空出世，以伯爵的各个剧本的演出名声大噪。而真正的作者伯爵却因为在文学创作上放弃了家族的生意打理，反而挥霍了所有的家财而穷极潦倒地死去。临死前，伯爵将所有的手稿，包括十四行情诗都交给了本·琼生。 后来本·琼生因为使用伯爵的情诗成为了英国历史上的第一个桂冠诗人。

当然电影的情节比我讲述得要复杂很多，牵扯到英国的政史与伊丽莎白女王的情史。在这个历史与情史的大背景的复杂纠葛下，伯爵的文字反射出了这个时代的各种内幕、暗喻与暗渡陈仓的浪漫。但是，最让人，尤其是莎翁爱戴者们不满的就是莎士比亚被影片描写成大字不识的文字冒牌货，而真正的作者却是一个英国历史上的贵族伯爵。不管这段历史真实与否，《匿名者》以时代感充足的写实手法拍摄出十七世纪英国贵族生活的奢靡与贫民生活的窘迫所产生的社会冲突。这是一部时代的悲歌，而在这部悲歌中扮演角色的各位都已经随着时代的消融而消逝，只有精彩的文字遗留下来，通过时代的演变岁月的流逝而依旧熠熠生辉。不管莎士比亚是否是真实的创作者，那些脍炙人口的作品（或者说是伯爵的作品）奠定了英国文学的脊柱，成为了流芳百世的英国文学巨著，改变并影响了很多时代很多人的一生。

如同方舟子与韩寒在作品真实程度上之争，孰是孰非已经不重要，重要的是文字的力量通过阅读的眼睛，通过读者的心与理解而达到的程度不是人人都可以做到的。换句话来说，即便韩寒的作品是背后团队的创作，那么他的那些闪光的文字却是触动并链接了了很多年轻人心灵的利器，让人们通过这些文字背后的意义而感受到作为一个人应该具有的社会责任与社会价值，这才是文字真正的生命意义所在！也就是说，即便莎翁是假的，但是以他之名而产生的文字却是真的，而真正触动人心改变人的思想的还是这些文字，至于这些文字的真实作者不过就是一张道具背后的脸，是谁已经不重要了。

通过《匿名者》看待方韩事件，你惊人地发现很多前卫于时代，或者不屑于时代某种控制的的文字创作者遭受的真假诬陷都是一样的，不管你所处的时代如何，真正的打动人内心的就是文字本身的生命，而不是文字的始创者。如果你真要将目光投注在真假之上，那么你只好陷入所有的陷阱，被真假迷惑而忘记了作者的真实意图或者文字带给你的真实感触！

2012-2-6

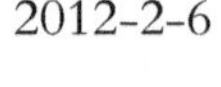

欲海
沉浮
人性
的
晦暗

如果没有看过原著，没有看过原版瑞典片，你是否能看得懂上映不久的《龙纹身的女孩》。答案是，可以，因为它是大卫·芬奇导演的片子。

在我看来，大卫·芬奇可以说是美国数一数二的电影导演，他执导的所有的影片都是电影语言奇特，从色彩，音乐到故事内容都充满着阴郁的暗影，迥异的风格，复杂的层次。当这些点面线都融合在一起的时候，就是非常的大卫·芬奇。从他一系列口碑甚佳的影片如《搏击俱乐部》、《七宗罪》、《本杰明巴顿奇事》以及《社交网络》来看，都是充满了这种理念，将本来就比较复杂的人性以及他们所经历的故事的怪异都梳理得整整齐齐，变成一部有声有色的充满怪才及悬念的电影，让你看完后有种恍然大悟的感觉，同时又不得不对他的某些不同寻常的电影叙事观点佩服得五体投地。

如果说，我喜欢大卫·芬奇的电影，就是因为他不同于一般美国导演的深沉，怪异，复杂以及扭曲，倒不如说人性本身就是一部复杂的小说，凡事都不是黑与白，而是一部充满了灰色中间地带的旅程。而大卫·芬奇就是这灰色地带的导游，带着你从容不迫地走在这些貌似不同其实理所当然的路途上，游刃有余地讲述着人生的很多故事。你在他的表面上看不到好莱坞式样的大片风格，或者商业的味道，但是你还是被他的故事吸引，跟着他走完全程。回过头来的时候，你还挑不出来多少瑕疵或者硬伤，反而是津津乐道着他的与众不同。这在我来看就是大师级导演的造就！

大卫·芬奇可以说是我的同辈人，以前是MTV大导，为很多音乐巨星都量身定做过Music Video。从一个专门制作音乐广告宣传片的青年导演摇身一变成为美国电影大导，其中的才华与勤奋已经在他这十几年来取得的成就中有目共睹的了。因此，喜欢大卫·芬奇不仅仅是他的影片，而是他的经历，才华与文化艺术上的共鸣。

言归正传，去看《龙纹身女孩》的主因是大卫·芬奇，光是看片头，就让我想起了大卫·芬奇过去执导的Music Video，美丽的阴郁、华丽的黯淡、快速的剪辑等融合在一起的独特力量穿透屏幕而出，让人惊艳。

说实话，根据原著改编的瑞典片《龙纹身的女孩》去年就大红特红，但我实在提不起兴趣来看，一方面是对非英语片子潜意识的抵制（中文片不算其中），一方面对北欧那种晦暗阴郁的电影不是太感冒。如果不是大卫·芬奇此次重新包装这部电影，恐怕我还是不会看这部电影的。《龙纹身女孩》的故事比较复杂，讲述了自由记者布隆维斯特因调查一

个名门望族的女继承人之死而经历的奇特遭遇。他先是因为撰写揭露亿万富豪温纳斯壮不法勾当的文章而被陷害罚款以致名誉扫地，一贫如洗。后来他因为可以得到一个揭露亿万富豪温纳斯壮肮脏内幕的机会，以报一箭之仇而同意接受一个死亡案件的调查。在这个海莉之死的案件调查中，记者结识了形象怪异的独立女调查员莎兰德（龙纹身女孩）。两个人不仅联手破案查清海莉之死的隐情，还共同设计报复了亿万富豪温纳斯壮。在这个过程中，记者与龙纹身女孩发生了肉体及感情的联系。电

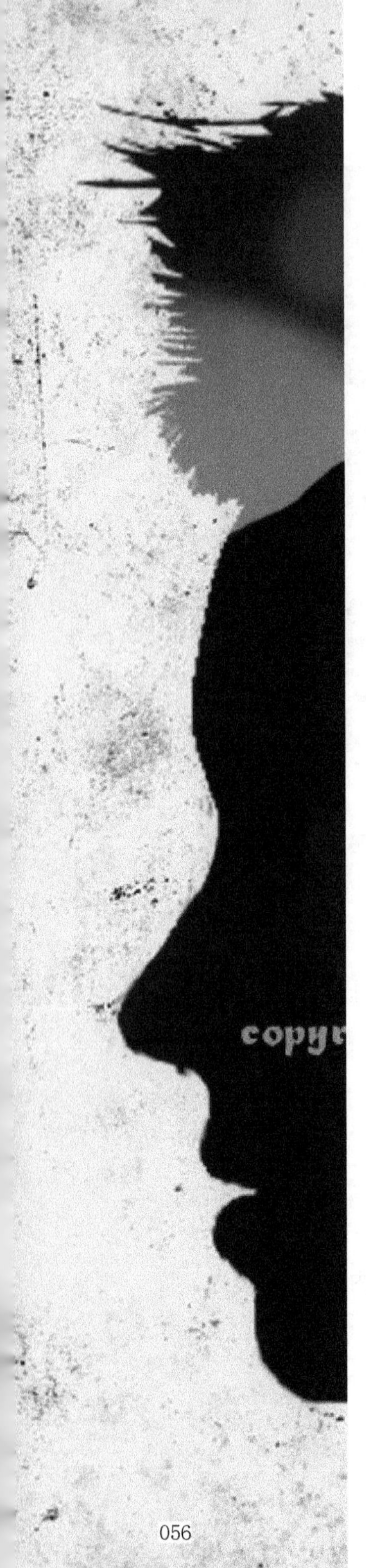

影采用双线叙事，一边讲述了布隆维斯特对海莉之死的案件调查，一边是莎兰德的生活经历以及对布隆维斯特的暗中调查，直到电影的后半部，两个人因为同一个案件的合作而碰撞出相互理解的感情火花。

原来很多人认为，美国人拍不出欧洲人的感觉，尤其欧洲人的那种自以为是的骨质里面的复杂以及欧洲式的晦暗的推理情节及心理冲击，尤其拍不出欧洲的那种深层的华丽混和阴郁的气氛。而大卫·芬奇的改变影片证明了这部电影不仅比瑞典的原作层次更深，调子更阴郁，甚至更情色暴力。

值得一提的是男主角的扮演者是我最喜欢的新版007的英国演员丹尼尔·克雷格 Daniel Craig。他在007里面的潇洒与刚毅不用说，在这部以推理悬念见长的戏剧片里也是游刃有余，准确到位地将自由记者的角色演绎得异常出色，令人信服。丹尼尔·克雷格是一位非常优秀的演员，他可以将英国绅士间谍007诠释得刚烈似火，一扫007温文尔雅，风流倜傥的形象，从而让观众对007有了一个全新的认识，而在这部电影里， 他演绎出一个仗义执言，为正义而行的记者，同样充满了才华男人的风流与刚毅，同样让人叹为观止，深深折服。

《龙纹身女孩》最出彩的还属于女主角的扮演者鲁妮·玛拉 Rooney Mara。她在这部电影里面的精彩演出绝对可以为她赢得奥斯卡新人奖。我先投她一票。第一次看到鲁妮·玛拉 Rooney Mara 演出的女主角出场，就为她出位的形象与鲜明的个性吸引。她将一个具备了黑客的技术，过目不忘的惊人记忆以及因内心受伤而个性爆烈的龙纹身女孩演绎得丝丝入扣，仿佛这部电影就是为她量身打造的一样。在《社交网络》中展露头角的鲁妮·玛拉深得导演大卫·芬奇的器重，据说他不顾投资人的反对，而坚决地任用鲁妮·玛拉，认为女主角非她莫属。事实证明，大卫·芬奇的眼光是对的，这样一个新鲜的面孔所带来的独特个性的演绎让龙纹身女孩更具有说服力。你想象不出安吉利娜·裘丽出演这个角色吧，那时候你的注意力全部集中在安吉利娜·裘丽是否更令你信服而分散了影片的效果，这将是任何导演都不愿意面对的事情，更何况大卫·芬奇是一个不按常理出牌的导演，他不拘一格的做法只能让不拘一格的演员来出演他所理解的角色。

很多人可能对男主角与女主角的感情关系的结果耿耿于怀，其实这根本不是一部爱情电影，我们也不能带着好莱坞式的感情桥段来理解他们之间的关系。整部电影就是挖掘了人性最阴暗的一面而展示出一个曲折扭曲的故事，在这部充满人性阴暗面的电影主题中，任何对感情的奢望都是幼稚的幻想。也许是瑞典的天气影响，也许是那些深宅大院里面豪门贵族的乱伦使人产生的压抑，总之这是一部混杂了人性与兽性、肉欲与情欲交错、道德底线的位置在何而产生出来的一个说起来复杂，但实际上简单的故事。对一个饱经沧桑经历复杂的人来说，这也许是一个单纯的推理故事，但对一个涉世不深，充满幻想的人来说，这部电影的晦暗与扭曲恐怕是难以想象的。如同李安的《色戒》讲述的不仅仅是一个间谍反间谍的故事，这部《龙纹身的女孩》也不是一部单纯的悬念推理片，里面的人性与各种欲望的混杂与所处的时代与社会的不同都是揭示了超越电影本身的一种观点。 如果你喜欢那种搞不清道不明的复杂关系或者这种复杂关系下面所掩盖的某种欲望某种阴影所营造的那种非理性的故事，那么这部电影就是你的那杯茶，而如果你只是寻找一部商业大片娱乐放松一下自己，那么这部电影恐怕让你感到郁闷头痛。

对于社会，对于人类来说，道德的底线一旦丧失，所有的文明都将不复存在，不管这种道德底线的衡量是亲情，感情，肉体，经济还是其他任何，恐怕这就是这部电影让你感到晦暗阴沉的所在。

2012-2-1

starring

LAURENCE OLIVIER · JOAN FONTAINE

hero of "Wuthering Heights" *in her sensational starring debut*

with

GEORGE SANDERS · JUDITH ANDERSON

Directed by ALFRED HITCHCOCK · *From the best-selling novel by* DAPHNE DU MAURIER

镜花水月怀旧事，春心梦蝶情惘然

说到美国老电影，不能不提到著名的《蝴蝶梦》（*REBECCA*，又译《贝丽卡》），这部我从中学起就已经不知道看了多少遍的影片。这部电影的中文翻译成《蝴蝶梦》，其中的含义源自庄周梦蝶这个典故。

战国时期，庄子通过自己在梦中化蝶与梦醒蝶又复己的这样一个自我迷惘的的故事，提出一个人不可能确切地区分真实与虚幻，以及生死物化的哲学观点。庄周梦蝶渗透了庄子诗化哲学的精义，成为了庄子诗化哲学的代表。

无独有偶，《蝴蝶梦》这部电影也是因为它所讲述的梦幻人物与现实人物中的失落而展现出来的一个梦境般的故事，多少触及到庄周梦蝶的皮毛，因而被翻译成蝴蝶梦。

电影以女主人公梦回曼德丽庄园作为开始，以感伤的笔调所涂绘出来的画面，讲述了一个镜花水月般的伤感浪漫的感情故事。出身卑微但修养甚好的女主角是一个专门为富有的女人做陪伴的年轻女孩。卑微的出身以及工作的需要，她尽管年轻貌美，却没有任

何自信。女孩在法国南部工作的时候遇到了英国著名的上流社会富翁麦克西姆·德温特先生。后者的翩翩风度与深藏不露的仪态都深深吸引了涉世未深的女孩子。而德温特显然也被女孩子的单纯与简单所吸引，两个人很快坠入爱河，并闪电结婚。

德温特先生带着年轻的妻子回到英国著名的庄园，德温特先生从小出生长大的地方，曼德丽庄园。故事就在美丽却神秘的曼德丽庄园展开，通过德温特先生前妻丽贝卡的若隐若现，为年轻的德温特太太展开一段扑溯迷离的故事。

这部获得1940年奥斯卡奖的电影最为特殊的一点就是导演是我最喜欢的悬念大师希区柯克，通过他特有的悬念技巧的拍摄手段，让我们跟随着年轻的德温特太太走进了她人生一段最难以泯灭的感情旅程，似梦似幻中，我们仿佛看到丽贝卡再生附体般出现在新德温特太太的身上，而那神秘的过去如同影子一般追随着我们，让我们与新德温特太太充满好奇而欲罢不能！

这是一段离奇的感情经历，也是一段充满悬念的桥段，更是一首弥漫着怀旧的悲歌。而故事到了结尾的时候，你的情感已经被卷入其中，怀着无可奈何花已落的心情，而禁不住唏嘘感叹。

《蝴蝶梦》源自英国女作家达芙妮·杜穆里埃的与电影同名的小说《丽贝卡》*REBECCA*。有人说杜穆里埃是浪漫主义小说家，大约是因为她浪漫的笔调与细腻的感情描述，但是她所讲述的则是在浪漫的文字下面所掩盖的一种心灰意冷的那种慵懒的小资心态，或者是复杂的心理矛盾所产生出来的黯淡与阴郁感贯穿始终。因为她的小说很少会有一个幸福的大团圆结局，她的“浪漫主义”外壳常常与她作品实质所表现出来的邪恶色彩以及超自然的心理阴影相矛盾。

《蝴蝶梦》的结束与开始一样，充满了庄周梦蝶的那种恍然不知身何处的意味，更符合了唐代诗人李商隐的《锦瑟》所描述的心情和感觉：

锦瑟无端五十弦，一弦一柱思华年。
庄生晓梦迷蝴蝶，望帝春心托杜鹃。
沧海月明珠有泪，蓝田日暖玉生烟。
此情可待成追忆，只是当时已惘然。

2011-12-6

蝴蝶梦，内部电影时代的回忆

最近痴迷在达芙妮·杜穆里埃文字缠绵的小说《丽贝卡》以及电影《蝴蝶梦》中，重新看了久违的《蝴蝶梦》，就是为了电影开始那个美丽的旁白：昨夜，我又梦回曼德丽庄园……。而最终提笔撰写的一篇《蝴蝶梦》的影评与感触勾起了许多往事的回忆，真是欲罢不能，只好再写！

初次看《蝴蝶梦》的时代是我人生上的一个重要转折，也是历史长河中难以忘记的时代的转瞬。当时国内改革开放还在初创时期，我也刚刚上初中。我的父母当时分别在文联的中国电影家协会与中国戏剧家协会任职，很多改革开放早期翻译过来的国外名著比如《根》及《教父》等都是出自他们这些翻译老前辈之手。

因为父亲在电影家协会的

工作关系，我得以有机会看到很多所谓的内部电影。北京八十年代最流行就是看内部电影，凡是能够有机会拿到看内部电影票的人无不欢欣鼓舞，得以看到国外的优秀电影。

正是所谓的内部电影打开了我了解外国电影的大门，启蒙了我的美国电影知识，使得我在未来的岁月中对电影电视的拍摄以及导演工作充满了兴趣，从而在专业上走上了电视制作的道路。

《蝴蝶梦》作为当时的内部电影之一，来到了我的面前，一下子就吸引住我充满文艺女青年潜质的内心，让我痴迷在那说不出的怀旧情感中。当时我最喜欢的书就是勃朗特姐妹写的《简爱》与《呼啸山庄》（其实更喜欢后者所营造出来的阴暗与无奈的挣扎感以及复仇心理），《蝴蝶梦》的原作者达芙妮·杜穆里埃当时也是深受《简爱》的影响，创作出《丽贝卡》这部小说。看到《蝴蝶梦》，自然让我的那种文艺女青年的潜质发挥到极致。

其中电影中最让我欣赏的自然还是琼芳登的清纯美丽的外形，以及她看似稚嫩但却符合角色心理素质的表演，非常迎合当时内心情窦初萌但又极度缺乏自信的初中女孩的审美心理。《蝴蝶梦》启蒙并延伸了我们对美国电影所塑造出来的那种物质生活的幻想，以及对爱的幻梦。

回首那个看内部电影成长的岁月，我仿佛看到那个梳着两条小辫子，骑着自行车在风中兴奋前行的我，满脑子都是美国幻梦的痕迹。那是一个令人难以忘怀的年代，连同着那个年代所有的回忆就是蝴蝶梦的迤逦，以及清纯年华启蒙的对那种梦想生活的向往和留恋。如果没有那个时代，也就没有今天的纽约桃花，与她的那些充满文青特质的感触与文字。

如果说《蝴蝶梦》有庄周梦蝶的感觉，那么回首往事的时候，我也恍然如同庄周，忽蝶忽人地沉浸在岁月的怀旧中，而那时时代离我们已经非常遥远，包括那些成蝶的日子，让我禁不住疑惑，曾经是否存在，往事中的一切是否虚幻！此情可待成追忆，只是当时已惘然。

2011-12-7

男人才是权力与性的操盘手！

荣获了本周全美电影票房第二名的《总统杀局》*THE IDES OF MARCH* 是一部揭露人性与政治黑暗的影片。但这部影片让我印象最深刻的不是美国竞选的阴暗，政客的尔虞我诈，不是男主角们政治理想主义的破灭，而是两个男人与一个美女实习生的关系所引发的情绪以及故事冲突。

电影开始的时候，出现了青春亮丽的美女实习生端着两层装满咖啡的纸盒款款而行，来到竞选总部的一组长镜头，当时让我觉得似乎多余。因为我一直以为这部电影讲述的是乔治 · 克鲁尼 George Clooney 扮演的州长与他的竞选助理（瑞恩 · 高斯林 Ryan Gosling）一起与竞选对手勾心斗角的政治故事。

然而随着剧情的深入，我们才知道这部电影与那个美女实习生有着很大的关系，而这两个男人与那个美女实习生的关系也是水落石出而将剧情扭转，人物之间的感情与关系变得复杂起来。

从克林顿与实习生发生性丑闻以来，好像美女实习生都成为了政治电影的佐料。正如这部电影通过竞选助理瑞恩 · 高斯林 Ryan Gosling 嘴所说："你可以让一个国家破产，你可以发动不必要的战争，但是你不能睡实习生！"(You can bankrupt a nation, you can start unnecessary wars, but you don't fuck the intern)，这句话绝对总结了克林顿与布什两任总统的根本不同。布什让美国破产，发动两败俱伤的战争，但是因为他没有睡实习生，而成为了一个美国政界与人们认可的总统。相反，克林顿在任的八年尽管让美国一跃成为财政最富有的国家，第一次不仅没有赤字，国库还有盈余，但不幸的是他的裤带不够紧，使得他政治荣誉身败名裂成为了美国最让人尴尬的总统。这句话也多少总结出美国政治的经典，一个总统只要不睡实习生就是好总统，而反之亦然。

在这部电影里，因为总统竞选人州长不小心步上了克林顿的后尘，使得原来在与对方竞选助理明争暗斗的政治游戏中被利用而失去职务的州长竞选助理（瑞恩·高斯林 Ryan Gosling）得到了一个卷土重来的翻身机会。最后，他得到了他从政一生的最高职务总统候选人的竞选主任一职，而州长也得到了美国总统竞选人提名而得以参选总统。然而，那个因为天真而相信权力男人而被这两个男人都睡了的美女实习生却长眠地下，成为了政治权力斗争最大的牺牲者。

政治和美女在美国从来都是政客们最大的诱惑以及最怕的弱点，而在政治大选中却不凡点缀了演讲与竞选的无聊与郁闷的亮点，那些为了政治理想或者自身价值而奋不顾身的美女实习生们，她们的下场都绝对不如她们的姿色亮丽，尤其对那些越过男女权力与性的底线的美女实习生们。正如这部影片中的美女实习生 Molly 最让我扼腕感叹，一个年轻如花的生命，就这样埋葬在政治竞选的阴暗之中，埋葬在两个男人的互利中，不被人提及，也不为人在乎。如果没有 Molly，也就没有了这两个男人最后取得的地位，也就没有了这部电影的源泉。然而，这个只有二十岁的女孩子，一个连生命最灿烂的年华都没有经历过的女人就这样无声无息地成为了男人与政客的牺牲品，能不让人，尤其女人感慨！

在电影的结尾，另一个同样青春亮丽的美女实习端着装满咖啡的盒子款款而来，仿佛是 Molly 的再生，走在充满尔虞我诈的政客中间，成为了西装革履的男人灰之间的亮色，而这朵鲜花在政治的权力与利益的残酷相斗中，又能绽放多久呢？

我们今天所处的社会，不管美国也好，中国也好，政治都是男人的特权，而女人都是拥有特权男人的玩物。从这个意义上讲，作为导演的乔治·克鲁尼想说的，已经不是政治这么简单的事情了，也因此，让我对他的深刻充满了敬意。这部电影通过政治反映了社会的现实，权力上面勾心斗角的残酷，为此而相互出卖相互牺牲的野心与欲望，身居要位的男人对于女人的诱惑，婚姻的出轨与自我理想，自我价值的牺牲。

这是一个弥漫着看不见硝烟的社会，一个让人充满悲伤的世界，仿佛暗淡的人生，并不因为璀璨的鲜花的绽放而更加亮丽。 而在这个因为时光流转而显得生命短暂，因为人性的灰暗而扼杀生命的鲜活，从而让人几乎感到绝望的世界里，女人的价值如果不是通过男人的光彩而体现，就是因为男人的光彩而毁灭！

这个电影还有一个令人难忘之处就是扮演两个男人的演员都是那么的充满了魅力，充满了帅气，不动声色之中控制了整个局势的发展，整部电影的光辉。尤其瑞恩·高斯林 Ryan Gosling，仿佛就是为电影而生似的，在不动声色之中讲演技发挥到极致，在沉默无言的寂静中将气场发挥到极强，让人叹为观止！如果，败在这两个男人手中，成为他们牺牲品的女人可能此生无憾吧，由此，恐怕又是导演对今天这个冷酷的社会投掷的无声一笔，愿意为这样拥有权力或样貌的男人牺牲的女人恐怕不计其数，而自己却恍然不知！想到这里，我不禁心态灰凉。

注：英文片名 *IDES OF MARCH* 的意思是指三月中旬的意思，Ides 来自于拉丁语，根据罗马日历 Ides 意味着一个月中间的那一天。在现代英文中，Ides of March 通常指公元 44 年罗马皇帝凯撒被自己手下 60 名议会成员刺杀的日子。英国文学鼻祖莎士比亚的著名喜剧《朱利亚·凯撒》其中的那句名言：Beware the Ides of March 已经成为英国文学的经典。现在看来，这部电影以这个名字命名，意味深长。绝对不是电影的中文翻译《总统杀日》或者《选政风云》那么简单。在这部电影中，对政治充满的理想和勇气都因为政治游戏的手段而死亡了，理想主义的纯真死亡了，对社会与男人充满的幻想的女生死亡了，而这些死亡都是充满着背叛和利用，如同公元44年凯撒议会对他的背叛和刺杀！如今，这个社会中，没有背叛的除了死亡的还剩下什么？

2011-10-13

낭만의 도시 파리
그리고 꿈같은 로맨스
미드나잇 인 파리
MIDNIGHT IN PARIS
在午夜巴黎中
迷失沉醉
오웬 윌슨
마리옹 꼬띠아르
레이첼 맥아담스
톰 히들스턴
애드리언 브로디
레아 세이두
우디 앨런 감독
10월, 전 세계를 사로잡은 시간 여행이 다시 시작된다!
15세이상관람가

我一向对伍迪·艾伦 Woody Ellen 的电影情有独钟，他的纽约知识分子的情结，他对事物的看法以及他智慧的剧本，都让我对这个以拍摄纽约精彩故事起家，每部电影几乎都絮絮叨叨的电影导演痴迷。尤其他前两部片子《赛末点》和《情迷巴塞罗纳》都让人眼前一亮。他已经将他的迷情从纽约转向世界的其它文化都市，让伍迪·艾伦的神经质的聪慧和狡黠在各个独特的都市角落闪烁。

此次，伍迪·艾伦的新片《午夜巴黎》*MIDNIGHT IN PARIS* 给人的风格又是耳目一新，这从电影海报的设计上就可窥见一斑。巴黎迷人的街道上涂满梵高名画《星月夜》的迷人天空色彩，出其不意的想象让人地惊艳，过目不忘。电影镜头更是如同海报一般优美细腻，明丽照人，将巴黎的浪漫和迤逦以电影的镜头描述得流连忘返。尤其很多的风景都与世界名画如出一辙，比如莫奈的莲花池塘，让艺术的感觉弥漫在每一个空镜头的移动里。

《午夜巴黎》讲述欧文·威尔逊扮演的吉尔和瑞切尔·麦克亚当斯扮演的年轻情侣，在婚礼前夜到巴黎小住。然而，为好莱坞编写剧本的吉尔在这里找到了向往已旧的生活，在午夜神秘老车的驾驶下，重新回到上个世纪二十年代的巴黎，得以和梦想中的偶像海明威、毕加索，巴里、德加、布努埃尔等艺术大师面对面狂欢和交流。如果对现代艺术感兴趣，这部电影一定满足你对各位大师以及其作品的探求和了解的欲望。

正如戛纳电影节主席特艾里·福茂 Thierry Frémaux 所说：“《午夜

巴黎》是一封写给巴黎的情书，在这部电影中，伍迪·艾伦更深层次地审视了在他的近作中关心的主题：我们和历史、艺术、愉悦和生命之间的关系。这部他的第 41 部电影同样充满了灵感的火花。”

《午夜巴黎》继续了伍迪·艾伦的全明星阵容，欧文·威尔逊、瑞秋·麦克亚当斯、玛丽昂·歌迪亚、迈克尔·辛 、阿德里安·布洛迪，和两位在法国本土很有号召力的喜剧演员加德·艾尔马莱、马努·派耶，甚至法国第一夫人布吕尼都有幸前来客串一角。据伍迪·艾伦回忆，他在和法国总统尼古拉·萨科奇共进早餐时，走进来的卡拉·布吕尼美丽而魅力十足，让他眼前一亮，于是他就推荐剧中的一个小角色请第一夫人客串。

对于伍迪·艾伦这个老纽约客来说，他的身上凝集了纽约文人和欧洲文人的特质，而这种特质反射在这部充满了艺术气氛和怀旧感决的电影中，将影片的故事情节以及影片的某种特定感觉发挥得淋漓尽致。正是这样的一部片子，让伍迪·艾伦重回他最喜爱的电影手工作坊中，将他对欧洲电影大师们如《雷诺·克莱尔》、《伯格曼》、《戈达尔》和《费里尼》的尊敬融汇其中，并以此精美之作的影片向这些欧洲的艺术大师们致敬。

而对于像我这样的无论是从艺术，风景还是生活方式上都为巴黎诱惑，迷惑，乃至陶醉其中的小资迷来说，这样的一部电影充分满足了我对于欧洲文化艺术，对伍迪·艾伦，对电影语言和艺术的最大欲望和迷恋。只有在伍迪·艾伦的老资面前，我甘作小资。

有惊无险但值回票价的谍中谍

如果你喜欢J. J. Abrams编导的热门电视剧《双面女间谍》，你一定会喜欢《谍中谍III》，因为这部续集的结构和剧情太像《双面女间谍》了，只是出手不凡的女主角换成了刀枪不入的汤哥。难怪，J. J. Abrams动用了《双面女间谍》的原班编剧成员，为他的第一部大制作电影编写类似《双面女间谍》那样令人紧张到坐立不安的精彩情节。

我是《双面女间谍》的忠实影迷，也是《谍中谍》系列间谍电影的忠实追随者。自从我知道J. J. Abrams出马这部续集的导演，我就对这部影片充满了期待。

电影的开头是完全是按照《双面女间谍》的结构开始的，特工主角陷入绝境而导出整部间谍动作故事片的紧张开始：英雄汤哥被恶棍铐在椅子上，面对自己的爱人马上就要被恶棍打死而无能为力。

就在观众为汤哥如何解决困境而担忧的时，主题音乐壮观响起，影片正式开始。当然，看过《双面女间谍》的观众极为熟识J. J. Abrams的编导手法，英雄总是置死地而后生的。片花过后，电影进入主题，我们看到J. J. Abrams同样按照《双面女间谍》的结构组织出温馨的家庭图画。甜蜜的气氛预示着惊险的开始，所谓于无声处听惊雷。汤哥扮演的超级间谍Ethan Hunt再次复出的时候已经从原来的超级间谍变成了退休的间谍训练教官，原来的英气和硬气已经被纯情替代，改变这一切的自然是爱情。

《谍中谍 III》从整部电影的结构，导演手法，演员选择以及剧情的编写都充满了现代的年青气质，不同于原来两部上集的传统。相比之下，上两部的《谍中谍》的动作惊险程度不过是小儿科。起码，《谍中谍 III》的三位女角色都一个比一个漂亮，养眼之极，尤其 MEGGIE Q 在梵蒂冈那场戏里一身性感红裙开着一辆黄色的兰博基尼 lambergini 摇曳出场，亮丽之极。

不过，经历了这么多的有关汤哥的负面报道，再次看到他为爱情而舍身救美的时候，你不禁怀疑这一切是否是真的。我很难相信汤哥能够扮演一个爱情至上的超级间谍。每当他含情脉脉地看着他爱上的美女时，我脑子都禁不住想他懂得什么是爱情？他怎么会为爱情而放弃一切包括自己的生命。当然这不过是电影情节，但我觉得如果换另一个男演员演出这个角色可能更加具有说服力。

当然作为一个 40 多岁的演员，汤哥看上去只有 30 岁而已，跟 20 多岁的几个配角相比之下毫不孙色。不过，我还是觉得男主角应该换人，比如他的配角，在 Woody Allen 的电影 *MATCH POINT* 里有着精彩演出的 Jonathan Rhys Meyers 扮演的年青特工就更适合这个角色的演出。

总之，这部电影从惊险动作的角度讲完全值回票价，让你不断叫好。不过，我还是更加喜欢《双面女间谍》的曲折精彩以及女主角的柔性的英雄气质，汤哥完全不适合这种角色的演出，温情对他来说演起来别扭，看起来不怎么样。

全美媒体对《谍中谍 III》的评价只有 B 级，认为这部电影完全是好莱坞式的惊险动作没有什么特别。不过，对于喜欢看间谍片的我们来说，只

有好莱坞才可以拍摄出这样的大制作。如果要我推荐最佳间谍片的话，我还是更喜欢《双面女间谍》，那只不过是一部电视连续剧，无法有电影这样的大场面。不过，对第一次导演大制作电影的 J. J. Abrams 来说，他交出了一张精彩的成绩单。

2006-5-9

绝对刺激眼球与感官

TOM CRUIS
MISSION:IMPOSSIB
GHOST PROTOCO
IN THEATRES AND IMAX

动作大片《谍中谍 4》上演了，我第一个冲到电影院去看。我是间谍电影的粉丝，《谍中谍 4》当然不会放过！谍中谍的系列片我从第一部就看一直到现在的第四集，而且都是在电影院看的首映，后来再买蓝光碟存贮起来，以便任何时候想看电影的时候都可以随时拉出来看看。

《谍中谍》至今上演了四部，其中最为粉丝们津津乐道的就是香港名导吴宇森导演的第二部，以及我最欣赏的鬼才导演 J. J. Abrams 艾伯拉姆斯导演的第三部，可谓一部比一部好！《谍中谍 4》启用了皮克斯的金牌名导布拉德·伯德，他执导的皮克斯动画片《美食总动员》《超人总动员》都是超级卖座的大片，得奖无数，被称为最牛的动画片导演。此次的谍中谍是他第一次执导真人演出的动作大片。原来我还对伯德是否能够执导动作大片表示怀疑，但看了这部新的谍中谍后，我对他的质疑开始一扫而空！

《谍中谍 4》依然由我高中时代就喜爱的电影明星汤姆·克鲁斯主演。早年他的一部《壮志凌云》让所有的人对他阳光般灿烂的笑容以及青春无敌的形象倾倒，我从高中时代就一直认为他就是加州类型的美国男孩的最佳代言。如今，许多年过去，汤姆·克鲁斯也从青春年少变成了人到中年的阿汤哥，但是他的银幕形象依旧年轻帅气，演出的角色依旧火爆。最令人刮目相看的是现在的阿汤哥已经不再是一个单纯的无头脑明星，他已经是电影场的大老板，谍中谍的首席制片人，赚取的不仅是眼球还有金钱！如果说年轻的阿汤哥让我欣赏的是他阳光般的灿烂，那么现在让我敬佩的就是他的赚钱头脑。自从他主演了谍中谍系列之后，他已经是这部电影的主脑，每一部的内容从撰写，到融资再到导演的寻找都是他说了算。自从他与卖座大片《星际迷航》的导演艾伯拉姆斯合作拍摄了第三部谍中谍而大卖之后，两个人已经成为了患难兄弟，此次一起联手成为《谍中谍 4》的制片！

顺便说一下，《谍中谍 4》的主要男配角吉瑞米·伦奈 Jeremy Renner 是我超级欣赏乃至迷恋的一名帅哥演员。他在去年获得奥斯卡奖的电影《拆弹部队》里面的精彩演技已经引人注目，此次在《谍中谍 4》里面扮演一个不显山露水的神秘的特工真是天衣无缝！他的气质以及个性都让他本不属于好莱坞式的英俊潇洒得到了充分的演示，让人再次明白有才华有内涵气质的演员就是厉害，虽然他不如汤哥这样的好莱坞明星有名气，但是他的演技绝对盖过主角汤哥，让人记忆犹新！

《谍中谍 4》最吸引人的地方除了上述的各种导演以及主演之外，还

有就是情节的引人入胜以及拍摄地点的选择。从故事情节来看，《谍中谍 4》更刺激，很有《24 小时》的味道！电影上来就以劫狱开始，让我们在前三部中就熟悉的间谍高手伊森 · 亨特从防守森严的捷克监狱越狱。在《谍中谍 4》里，伊森 · 亨特和他的小组再次深陷绝境，孤立无援。明暗腹背都受敌！面对上级领导，美国国防秘书的突然暴毙，受到核弹威胁而危在旦夕的美国国土及臣民，伊森 · 亨特不得不再次铤而走险，带着他不为美国政府承认的隐秘小组，在有限的时间里要找到并除掉幕后黑手。

从拍摄地点上来看，《谍中谍 4》作了前所未有的尝试，从爆炸苏联的克林姆林宫，到徒手飞跃世界第一高塔迪拜哈利法塔 Burj Khalifa 等等让人意想不到的各种情景将观众的心提到了嗓子眼上！

《谍中谍 4》此次放弃火爆的 3D 摄影，而选用 IMAX 格式拍摄，在 IMAX 银幕上播放，视觉效果一流，景色万千的立体清晰感觉让人叹为观止！开篇的布达佩斯美丽的城市鸟瞰在行云流水的电影镜头前一览无

附录：

《谍中谍 4》已于上周五在北美等地率先登陆 IMAX 银幕，影片在仅仅 425 家影院小范围上映便收获了 1279 万美元，一举打破了 2004 年由《BJ 单身日记 2：理性边缘》（530 家影院，868 万）创造的影史小范围上映（少于 600 家影院）影片的开画纪录；而在先行上映的 42 个海外市场（占全部市场的 70%），《谍中谍 4》同样势不可挡，影片一举斩获 6820 万美元票房，轻松超越了前作《谍中谍 3》的首秀成绩；截至目前，上映仅 4 天的《谍中谍 4》全球票房已达 8361 万美元。在票房大卖的同时，《谍中谍 4》更获得了优良口碑，影片“烂番茄”新鲜度 94%、IMDb 评分 7.9、metacritic 评分 74，36 家媒体更是无一差评。目前《谍中谍 4》发行了中文的电影海报，并定于春节大年初三（1 月 25 日）登陆中国内地 IMAX/2D 银幕，作为龙年的首部好莱坞巨制与广大内地影迷见面。

遗，壮观瑰丽，比亲身游历布达佩斯都感觉强烈。我当时就觉得仿佛自己已经来到了布达佩斯，亲身感觉这个古城的万千景色！随着情节的深入，电影又带我们来到了沙漠之名城迪拜，鸟瞰迪拜的壮丽景色！尤其当阿汤哥带着特制手套攀爬在世界第一高塔迪拜哈利法塔 Burj Khalifa 上的时候，镜头独特的俯视角度更突显了他在高空中只身搏命的动人心魄，效果令人窒息！

《谍中谍 4》整部电影看下来，我长吁了一口气，原来提到嗓子眼里的心终于放回到原处。作为动作片的粉丝，我不得不说，《谍中谍 4》的视觉效果一流，绝对值回票价！节日无聊何处去，《谍中谍 4》已回答！如此刺激眼球与感官的电影不去看，你还等什么？！

2011-12-22

TORONTO 2009 | SAN SEBASTIAN 2009 | SUNDANCE 2010 | DEAUVILLE 2010

MOTHER AND CHILD

Produit par ALEJANDRO GONZÁLEZ IÑARRITU

有一种爱永生不变，永生难忘，永生记忆，一旦丧失，便永生哀痛，永生铭心。这种爱就是母与子的关系。我承认《母与子》这部电影是一部让人心动的影片，没有好莱坞的商业影片的流俗桥段，却靠着一流的导演，一流的演员阵容，几个感动人心的主题让人动容。 但这也不是一部完全关于爱的电影，如同电影的中文翻译《爱在你左右》式的理解。这是一部关于女人和她们的孩子之间的抉择，关系以及爱恨所产生的复杂情感关联，以及母亲和孩子之间为此一生所受到的影响，从而改变她们人生道路和感情道路的电影。这部电影想说的是，如果母亲与女儿之间无法处理相互依附的感情关系，这种纠结和矛盾可能会产生一生的影响，从而改变她们对人生的认识，以及她们对男人，性与婚姻的认同和理解。

隔着永生的重逢

1

【一】

影片围绕着三个女性进行，一个是 50 多岁姿色犹存的单身理疗师 A，一直活在 14 岁早孕而被迫放弃女儿予他人抚养的阴影中；一个是 37 岁的金发美女 B，年轻有为的律师，却因为一出生就被生母放弃而生活在情感的愤怒和不平衡中；一个是年轻已婚却无法生育的女老板 C，因为迫切想收养一个孩子而宁愿失去婚姻也不放弃收养念头的黑人女性。这三个女性独立成章的故事因为命运而围绕在一起。

正如电影的题目《母与子》，这是一部专门讲述母亲与孩子之间的感人故事，其它故事枝蔓都是围绕这个主题而制作的绿叶。最重要的是，它将女人一生都要面对的几个重要的话题，比如早孕、弃养、领养， 母与女的关系，以及因此而产生的女人与男人性与感情的关系等汇合在一起，编织成一个触动人心的影片。

这几个问题单独拿出来都可以拍成一个电影，因为女人一生面对的问题以及选择实在太重要，因为这些选择而所做出的决定，乃至这些决定所产生的改变女人一生的转折都是让人始料不及的。而敢于将所有的这些关系到女人一生转折点的重大主题放在一部电影里面讲述，看得出导演的勇气和功力。

【二】早孕和弃养：

很多女人一生可能都会遇到早孕以及弃养的纠结，问题是遇到了如何做出选择，而这个选择是否会影响你的一生，就是这部电影试图告诉你的其中一个主题。这部电影通过两个早孕的女性以及她们所不得不做出的选择进行了心理的剖析。

单身理疗师A14岁早孕而生了一个女儿，但是被迫弃养，因为她的母亲为她做了决定，而这个决定在以后的岁月里直接影响到她们母女两个人的一生和他们对待彼此的态度。 而影片中还有另一个早孕的黑人女孩，她20岁的早孕虽然重蹈覆辙了她母亲当年也是20岁早孕的人生道路，但因为时代的不同，以及母亲对她的爱和理解帮助她最后放弃了弃养的选择。她母亲对她说，我当年也不想要你，但是回头看来，现在的我如果没有了对你的爱都无法生存。最后女孩选择了不放弃孩子，因为她不知道自己以后是否会后悔。说到后悔，这部电影反复阐述的就是，后悔是一个一生品尝的苦果，如果不想一生后悔，现在就做出改变后悔的决定，不管这个决定是什么，不管是改变弃养的想法，还是重新寻找失去的孩子。

【三】母女关系：

这部电影的另一个重点就是讲述母女关系这个最多人经历，最磨难、最棘手，最让天下所有的女人都心生烦恼的感情纠结。大部分母亲以及女儿其实都深爱对方，但却不知道怎样处理彼此微妙的感情的关系，因为很多以爱的名义做出的事情可能都伤害了对方的感情，造成一生的误解。

最让人难过泪下的两段母女关系，就是A与她相伴一生的母亲以及从未谋面的女儿B的感情纠葛。A一直生活在早孕而被迫丧失女儿的阴影中不能自拔而一生不开心，她的母亲因为看到女儿一生为此郁郁寡欢而因此单身心里面非常内疚却又无法与女儿沟通，因而自己也不开心。两个不开心的母女一生相伴却无法将36年前那个将他们两个人都推上一生后悔的旅途的情节打开。直到单身理疗师的母亲去世，她才从别人的嘴里得知她的母亲一生都觉得对不起她，因为她当年的决定让女儿一生生活在感情的阴影中。A听了以后放声大哭，觉得母亲应该亲口告诉她，让她卸下这个感情包袱，懂得母亲其实是理解她的内心世界。其实A的母亲临去世之前，曾泪眼婆娑的望着女儿，然而最终都欲言又止。这是一个意味深长的镜头，一个感人泪下的瞬间。

而单身理疗师的女儿B，一个37岁的年轻有为的律师，因为从小被生母弃养而生活在自己感情的不解和痛苦中。她愤恨母亲当年的决定，也痛恨她不来寻找自己的行为，这种愤恨使得她心理面压抑扭曲，而决定终身不结婚不生孩子。这个决定使得她在感情上对男人不信任也从不投入感情。性是她对男人的利用手段，而这个手段一但达到目的，她就无所谓自己的行为的道德或者男人的退出。就是这么一个在感情上无所谓而事业上独立自强的女人，一旦意外怀孕了以后，她对生母的感情产生了巨大的变化，就像她自己说的那样，所有的对生母的愤恨都随着怀孕而烟消云散，从而产生了去寻找生母的信念。

母亲A与女儿B一生都彼此牵挂，彼此思念，但彼此都因为自己各自的隐痛而一生错过。直到最后B的孩子将她们的这种牵挂与思念交织到一起。她们两个彼此相互的精神痛苦和折磨所带来的人生转折是影片的亮点，也是最感动人的一点。

【四】男女关系：

女人可以生孩子的生理构造是男人永远不可能真正懂得女人的地方，也是改变女人对男人看法的最终原因。男女之间，其实永远隔着一个遥远的理解海洋，只有愿意做出努力而渡船前往的少数男人，才可以最终走进女人的心里。

拿A来说，如果不是她的初恋被早孕一事破坏，她可能会最终嫁给那个一生相互之间都忘不了彼此的男孩子。然而事与愿违，她早孕而生了孩子并将孩子弃养给陌生人，而造成了她近乎一生的痛苦和煎熬。最重要的是，如果A的母亲没有对此横加干预，为A做了如此的选择，A也许也不会如此后悔，严重影响了A与母亲的关系的同时，也造成了A母亲目睹女儿一生痛苦所造成的内心的不安。如果说，A的孩子改变了她的人生，那么她与

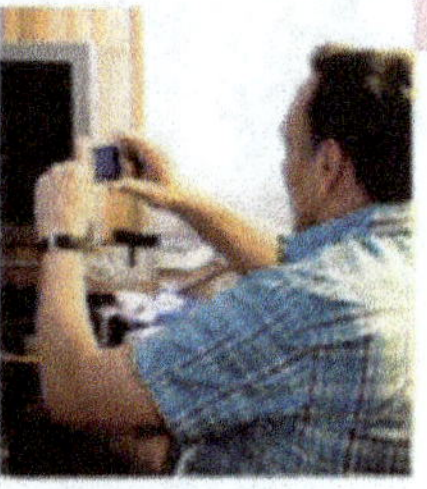

母亲的关系也决定了她一生无法幸福。

幸好，A 母亲最后去世，让 A 终于有了一个可以单独面对人生重新做出选择的机会。而帮助她做出这个选择的男人就是一个愿意渡过心灵的海洋，与她共行的男人。这样的一个男人的理解使得 A 可以最后选择平静，而这种内心的平静导致她卸除肩负近乎一生的感情包袱。

A 一生牵挂却无缘谋面的女儿 B，因为从小被生母抛弃，后来与养父母的不和所造成的内心痛苦促使她对男人，孩子和婚姻失望，17 岁就作出了永生都不生孩子的决定。就是这么一个外表美丽，但内心破碎的女人成了男人的杀手，在感情上伤害别人的同时，自己也未必得到快乐。B 没有像生母 A 一样幸运，碰到愿意理解她的男人。但最后改变她看法的却是，自己的意外怀孕。这个孩子改变了她对生母的愤恨，使得她内心重新充满了柔情。B 是让我最为心痛的一个角色，一个感情上孤苦无依，因而性格倔强的女人。一个我最同情，最希望她能找到母亲而得到最终内心的平静和快乐的女人。

A 与 B 之间的相互牵挂和思念感动人心，看到她们两个人在一个城市里面各自带着感情包袱而挣扎的人生，真实让人痛心。虽然，A 得到了一个后半生理解她的男人，但是她对女儿 B 牵挂和思念却终其一生围绕在她的内心。

这是一部面对所有女性内心世界的电影，讲述了女人的痛苦、弥漫和失落， 讲述了母亲对女儿之间一生的相互影响。不管你是母亲还是女儿，不管你是单身还是已婚，不管你是否有孩子，都应该看看这部电影，因为它让你明白女人一生感情上的许多纠结都是有原因的，不管感情或者内心里面多么痛苦，只要最终愿意相互理解，让内心释放，让感情释放，你还是可以重新做出人生的选择，不管这个选择有多迟。

【五】

《母与子》是由电影《巴别塔》以及《21 克》的导演罗德里格 · 加西亚 Rodrigo García 最新撰写并导演的感人新作。他通过三个女性的三个故事把她们最终串联起来，形成了一部触动女人内心深处情感的电影。这部电影的撰写和导演令我对他刮目相看，一个男性如此理解女性的内心彷徨和怅惘，是难得的人才。电影的主演分别为已是人母的优秀演员安妮特 · 贝宁 Annette Bening 与娜奥米 · 沃茨 Naomi Watts。她们两个人将母与女彼此间的在人生道路与感情道路上的痛苦，迷惘，失落和悲哀演绎的极为出色，她们赋予角色的演技和个性的光辉照耀着整部电影，从而令人感动落泪。

这部预算花费为七百万的影片，从 2010 年 5 月上映以来只拿到一百多万的盈利，可以说是票房惨败。除了这部电影是小制作的独立影片，因此得不到好莱坞大片的选场以及推广之外，影片里面的结构所产生的感情失望也不得不说是影片的一个失败。

我同意导演的很多看法以及导演意图，但是因为想把三段故事最终联系起来的野心使得他失去了故事的最感人的主线，即 A 与 B 之间的感情呼应。 如果这部电影只拍摄了 A 与 B 之间的爱恨离合，那么这部片子的感人的效果就非常的强。毕竟，人心都是肉长的，不可能承受太多的痛苦和失落，给观众在感情一点出路都没有，让人失望。人生中的痛苦和失落已经经历太多，观众看电影的时候，无论如何希望影片会超越生活中的磨难，让人感到光辉。但是如果一个如此动人的电影以 A 与 B 如此结尾，那么观众内心的感情承受点就太大了。如果这部电影让 A 与 B 有一个终于找到彼此的感情重逢、团聚，那么这部影片的效果就会更大，就会更暖人心。

这部电影其实用了我最喜欢的 60 年代轰动一时的美国歌手和诗人保罗 · 西蒙 Paul Simon 的一首著名歌曲《母子团聚》作为主题曲。

不，我不會給你虛假的希望
在這個奇怪而悲傷的日子
但母子團聚
只是一個示意之远，哦，我的小寶貝。
无论如何，我不能
记起一个比今天更悲傷的日子

我知道他們說随遇而安，
但如愿以偿却不是人生
生命的航程一直都在
周而复始的轮回。

No I would not give you false hope
On this strange and mournful day
But the mother and child reunion
Is only a motion away, oh, little darling of mine.
I can't for the life of me
Remember a sadder day
I know they say let it be
But it just don't work out that way
And the course of a lifetime runs
Over and over again.

2011-3-19

人性的光辉《回家的路》

THE WAY BACK

昨晚看电影《回家的路》*THE WAY BACK* 已经很晚了，但是居然一口气看完，全无睡意，后来居然还热泪盈眶，半夜三更的被一个不管岁月还是经历都离开我们很遥远的真实故事感动万分。

这是一部很低调的影片，讲述了 1939 年一个因政治罪被判刑二十年的波兰青年从前苏联西伯利亚政治犯集中营“古拉格”逃跑的故事。感人至深的地方在于影片并没有深刻揭露当时红色恐怖的时代，而是将重点放在波兰青年如何越狱，冒着生命危险，跋涉四千里的风雪和荒漠最终逃亡到印度的故事。不管什么时代，反映人性光辉的电影永远是超越时代的感人作品，即便这个作品离开我们的年代久远。

一开始，电影通过几分钟讲述了波兰青年如何被老婆出卖而被判刑 20 年的背景，然后展示了西伯利亚监狱的绝望无助的生活，让我们想起了中国文化大革命的那种红色恐怖以及人性灭绝的年代。任何一种生活怕的不是艰苦，而是人性灭绝的那种绝望和挣扎。西伯利亚政治犯集中营并不亚于纳粹的集中营，可以活着进来，但是否能活着出去就要看你的运气和造化了。

西伯利亚漫天的暴风雪，恶劣的天气，繁重的体力活，残酷的非人

待遇，营养不良的伙食都是让政治犯们绝望的事情，但最绝望的是不知道什么时候才可以出去，最终是否可以活着出去。这一切都是告诉我们为什么波兰青年要逃跑的动机。 与其被活活累死或者打死，不如拼死逃亡，至少死也死个自由身（die as a free man）。

电影的重心就放在他们一行 8 个人的逃亡路途上，有的人被风雪冻死，有的人被沙漠晒死，有的人放弃了等死，有的人决不放弃坚持到最后一刻。波兰青年在这 8 个人中成为了精神领袖除了因为他具有丰富的野外经验，更由于他坚忍不拔的性格和与命运拼死抗争的决心。他的这个倔强从电影的开始就展现出来，宁愿死，也不认罪的那种特殊性格。最与众不同的是波兰青年具备了人性最基本的一点就是同情心。在那个人人自保，老婆可以出卖老公的人性泯灭的年代，一个人依然对其它人保有同情心是非常不容易的。也正是这样，也使得别人信任他，而信任予人在那个时代是很难得的。也许上帝在暗中照顾着这个坚强的波兰青年，使他最终带着几个幸存的伙伴逃出苏联的国境，最终与其它俩个人到达了印度。一路上，他们遇到多次的险境和绝境，而鼓舞着他们排除万难也要活下去的除了本能的求生欲望，还有他们各自的信念。

电影背景：

这部电影根据 Sławomir Rawicz 的畅销书 *THE LONG WALK* 改编，1956 年出版的这本书是第一部披露西伯利亚政治犯集中营古拉格真实状况的作品，比索尔仁尼琴的那本著名的《古拉格群岛》还要早。Rawicz 声称这是他自己的亲身经历，书也是当作自传来写，但在几年前 BBC 做一档关于这个长征的广播节目时，发现 Rawicz 虽然曾被关在古拉格，但从未逃跑，而是在 1942 年一次大赦中被释放，返归波兰军队，并被派驻中东。随后，在世界其他地方，如印度加尔各答和澳大利亚陆续有人称自己才是从集中营里逃出的人，Rawicz 偷了他们的故事。种种迹象都表明，Rawicz 道听途说了其他古拉格生还者的事迹，并加上自己的古拉格经验，半真实半虚构的写出了这部书。但有一群人从西伯利亚的古拉格逃出，徒步到印度的故事是确凿无疑的。以导演 *THE TRUMAN SHOW,DEAD POETS SOCIETY* 而为观众熟知的导演 Peter Weir 被这个故事迷住，于是便有了自他上一部 *MASTER AND COMMANDER:THE FAR SIDE OF THE WORLD* 之后，息影 7 年来第一部电影：*THE WAY BACK*。

曾经一个在美国海军陆战队接受过特种训练的前美国军人告诉我说，当时他们接受野外艰苦环境训练的时候被教导如何杀生来求生，如何捕捉各种动物乃至昆虫作为食品以求活下去的时候，他当时脑子里面还对自己说，我饿死也不会吃虫子或者蚯蚓这类东西。 但是当他真的被放置到丛林并且几天没有食物可吃的时候，他惊讶地发现自己的求生欲超越想象，居然吃了当初他认为自己绝对不可能吃的各种昆虫。那次的经历改变了他一生的看法，使得他明白人最重要的是意念（the power of will），只有意志顽强的人才可以活下去。

也就是说，在同一个环境下不同的人因为不同的意念，而决定了他们不同的道路。人在最绝望的时候，生存靠的是自己的意念，一旦放弃了意念，自己的死亡也就在眼前了。就像波兰青年对他的同伴，一个准备放弃求生的美国人说的那样，你不能自己惩罚自己。波兰青年说，他要活着回去见他的老婆，因为他老婆受不了严刑拷打而出卖了他，她一生都不会得到良心的安宁，如果他死了，她一辈子都不会原谅自己，只有他回去见到她，才可以让她走出良心的煎熬。

我被他的意念感动，被他的坚忍不拔感动，被他人性的光辉感动。我不知道，换我是他，我是否能够承受他所遇到的磨难而坚强地活下去。天哪，当你跋涉在西伯利亚的冰雪暴，没吃没喝的时候，快要冻死的时候，一个人是否会像他一样坚持，当你几天几夜挣扎在毫无人烟的沙漠中，被暴晒而没有水喝而完全靠喝自己的尿的时候，你是否会 let it go？

这部电影让我感动的是，它以一个特殊的方式检验了自我的人生观，检验了一下自己是否对得起自己的人生。与之相比，我们的意念是否太过于软弱，凡事是否太容易放弃？

很多人可能觉得这部电影沉闷枯躁。也许真实的故事永远没有小说般跌宕起伏，情节曲折，但是它给予人一种启发和启示，使你正视自己的人生，勇敢面对人生的艰难。如果他们能做到，为什么你不能做到？

2011-3-19

成功者都是孤独的

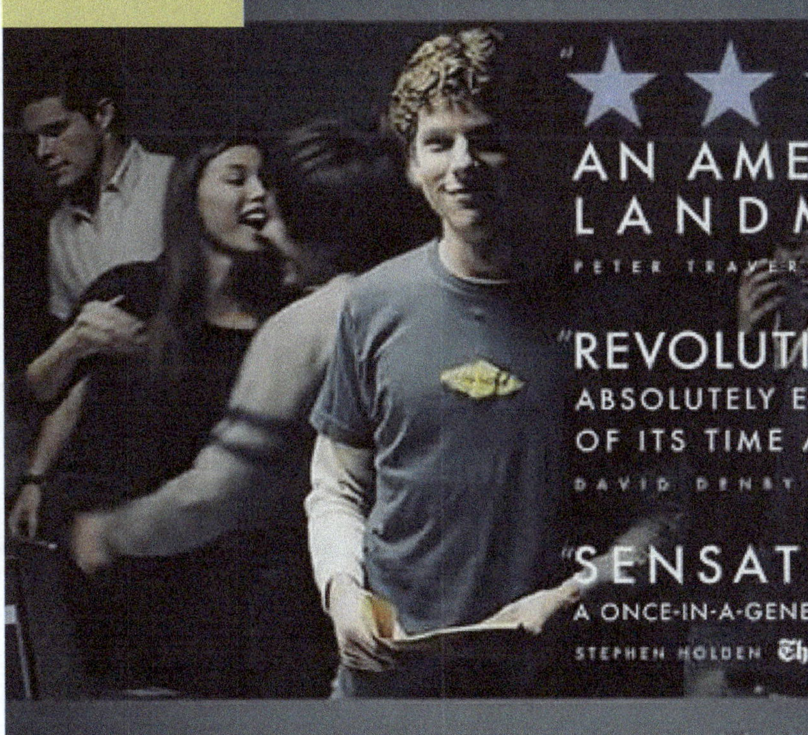
the social network
AARON SORKIN
DAVID FINCHER
"A BRILLIANT FILM."
FRANK RICH The New York Times
"★★★★
AN AMERICAN LANDMARK."
PETER TRAVERS Rolling Stone
"REVOLUTIONARY. ABSOLUTELY EMBLEMATIC OF ITS TIME AND PLACE."
DAVID DENBY THE NEW YORKER
"SENSATIONAL. A ONCE-IN-A-GENERATION MOVIE."
STEPHEN HOLDEN The New York Times
"MAMMOTH AND EXHILARATING."
RICHARD CORLISS TIME
TWO-DISC COLLECTOR'S EDITION

对于我这种几乎每天都会在Facebook上看看周边朋友都在干什么的人来说，Facebook的故事当然要看，尤其当时在电影院看了这部电影的trailer时，画面质感的光线和快速的情节渲染让我有一种欲罢不能的感觉，直觉得这部电影不一般。当然，看这部电影另一个的初衷是欣赏导演大卫·芬奇David Fincher。他的几部片子都让我看了叹为观止，像《七宗罪》*SEVEN*、《搏击俱乐部》FIGHT CLUB都是我珍藏的电影经典之作。

《社交网络》果然不负厚望，拍摄出来的感觉很有大卫·芬奇的味道，虽然没有他早期的电影那么尖锐黑色，但依然在画面音乐和光影方面保持着他独有的一流的水准。尤其那一幕当今天的脸书Facebook创始人马克·扎克伯格Mark Zuckerberg约会失败走回宿舍的夜晚，镜头一直跟着男孩的脚步流畅无声地平移滑行，背景的暗淡的灯影非常有点怀旧的画质和感觉倾诉着一种压抑失落的情绪。这就是David的功力，于无声中有声地倾情。不过电影最吸引人的是将马克·扎克伯格这个真实人物的故事电影化了之后讲述出来，让听惯了各种流言蜚语的观者得到彻底的满足。

所谓成功者都是孤独的，马克·扎克伯格的孤独在于他的所有朋友都被他巨大的盛名和金钱打败，大家撕破脸皮，各奔东西。最终不过因为他是成功的，他们是失败的，不管这个成功的里面包含了多少背叛和牺牲。成功者的道路注定是要有垫脚石的，这些垫脚石最终成为垫脚石，是因为他们没有成功者的巨大野心、眼光、努力和运气。如果马克·扎克伯格没有为了达到目的不择手段，那么他今天就不会成为亿万富翁，成Facebook的领军。正如电影里他爱上的那个女孩所说，你不是个混蛋，你只是一个努力做混蛋的人！每一个人的命运都是被一股冥冥之中的力量推动着前行，这种力量的出现可以改变一个人的一生，马克·扎克伯格的命运之力就像他的一盏明灯，在关键的时刻照亮他的前程。看似无意，其实有意地指引着他前行的脚步。当初如果没有对他爱上的女孩离他而去的仇视，如果没有他对富有的 Winklevoss 兄弟当年在哈佛俱乐部对他不屑一顾而产生的报复心，如果没有他投资路上的引领 Sean Parker，马克·扎克伯格今天恐怕还是一名高级程序员而已。是这些人成就了马克·扎克伯格，同时这些人也被他放逐。

所谓此一时也彼一时也，我相信马克·扎克伯格的本意本不是想背叛他的朋友和合伙人，但对于一个控制欲望大于物质欲的人来说，失去掌控是最不能容忍的一件事，为了 totally in control，他做出了一系列的背叛，符合了他的性格。正如今天 Facebook 已日如中天，马克·扎克伯格也不愿意轻易上市，怕的就是失去掌控权。而对于他来说，控制欲的强烈也是他成功的动力！为了得到 5 亿，失去几个朋友算什么？！

2011-1-26

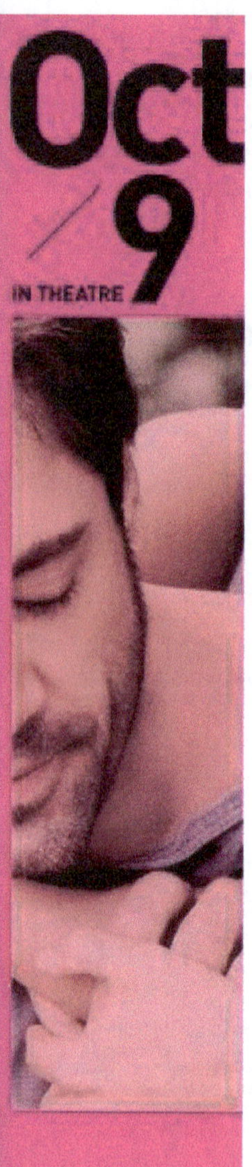

感情
是一张
不同
层次颜色
的**画**

《情遇巴塞罗那》是一个非常伍迪·艾伦 Woody Allen 的电影，就像上一部《赛末点》*MATCH POINT*，较之他以前的电影非常的充满糖份和颜色。整部片子看下来都没有发觉伍迪·艾伦的惯有的特点痕迹，也许这就是这部片子有意思的地方所在吧，出其不意。

这不是一部爱情故事片，更不是好莱坞式的爱情片，也绝对不是常人眼中的爱情片，它只是通过两个美国女孩在巴塞罗那的感情遭遇讲述了感情的不同层级的颜色。

如果说爱情是一张画，那么拥有不同的层级的颜色和风格才能成为一张杰作。每个人的一生都由不同的经历，感情和关系组成，使得我们从而成熟卓越而或丰富多采或炉火纯青。年轻人经常说，如果感情中没有欺骗和背叛那又多美好。就像生活中如果永远一帆风顺，风平浪静，我们也会厌倦。生活的由不同的佐料组成，不是说缺一不可，而是说缺一就很难成其为一顿美餐。如果我们的感情生活中没有经历过曲折，我们也不会珍惜我们所拥有的东西。

这部电影想说的就是这样，感情是说不清道不明的色彩，不同的颜色，不同的层次组成一张风格多意的画面，不是单纯的颜色所能展现出来的。感情也是这样，人都希望得到自己没有的东西，艺术家希望得到商人的成功，商人希望拥有艺术家的才华，感情稳定的人羡慕感情冲突带来的热烈，感情充满坎坷的人希望得到单一的爱情，拥有经济稳定的感情关系的女人希望得到艺术家般绚丽多彩的感情，等等。也就是说人的本性就是这山望着那山高，吃着碗里的还看着锅里的。不管男人也好，女人也好，都希望得到更多的爱，更多人的爱。

真正的感情是理智和感情的绝佳平衡，哪个都不能少哪个都不能没有。一个人在年轻的时候可以追求灿烂的感情，但到了一定年龄的时候也要现实。所谓人生苦短的意义不是想干什么就干什么，而是在自己最大的容许程度上得到自己感情的最佳平衡。

只有经历过感情的很多层面，经历过人生的很多转折，你才知道很多事情都不是简单的能说清楚的，感情也不是单纯的爱与不爱。就像这部电影中的 Vicky 和 Cristina 在巴塞罗那的一段感情奇遇，使得他们更多的知道自己想得到的和愿意为之付出的以及自己最终可以得到的都是有着很大距离的。

巴塞罗那不过是一个理想的借口，一个充满风情的美丽遐想，一个与纽约现实脱节的渡假地。巴塞罗那是 Vicky 和 Cristina 的感情渡口，在这个渡口中，两个人各自寻求自己希望得到的和梦想得到之中的平衡点，平衡自己能够付出的和可以做到的得失。巴塞罗那不是一个答案，也不是一个结局，当你的心变得多彩的时候，你忽然觉得自己的世界也充满了不同的色彩，你可能都想得到，但是你能拿到手的可能只有层层色彩中的一个或者几种颜色而已。

Vicky 自己追求的是一个传统的生活，稳定的家，收入高的丈夫可以带来高级的住宅和梦想的家庭生活。但是当她在巴塞罗那遇到感情生活丰富多彩的艺术家之后突然开始怀疑自己追求的是否是自己要的，她开始迷茫开始不安定。但最终当她看到艺术家和前老婆的爱恨相加的感情纠葛，她忽然觉得自己可以掌握的还是现实中的感情生活，也可能无聊，也可能色彩单纯，但是没有那么多的疯狂和不安定的因素。她一生中永远不会忘记巴塞罗那，因为那个地方使得她看清了自己能够控制的东西，那就是她的婚姻，可以带来的是她梦想的安定家庭。

Cristina 一直以为自己是传统感情和家庭生活的叛逆者。她不知道她要的是什么但是知道她不想要的是什么，那就是不要一个所谓安定平稳的传统意义上的婚姻和束缚（这一点和伍迪·艾伦大导演的感情追求相似）。巴塞罗那把她想要的疯狂的感情出口完全打开，展示了一个超越她想象的生活，两个女人和一个男人和平共处的感情生活。

而巴塞罗那的艺术家和他的前老婆那种爱恨交加的感情更是一把火，要么燃烧别人的平静生活照亮别人创作上的启蒙，要么烧掉自己毁灭自己。

感情是什么，是一本层次多彩的画，而画永远是生活中的艺术品，不是生活中的永远，当你生活困窘拮据的时候，艺术品不过是奢嗜，感情都是奢嗜品。只有生活太平稳太安定的人才会期望更多的感情火花，或者一无所有的人反而更依靠感情的支撑。

回头四顾，我们身边有着很多的 Vicky，永远在梦想和现实的感情之间徘徊。我们身边也有一些 Cristina 永远在寻找自己可能永远也找不到的东西，包括感情。

曾经沧海难为水的那种大起大落的感情一生中可能只有一次，一次就可能完全毁掉你，一次可以完全成熟你对感情的追求，一次可以让你更多的看清自己所想要的和愿意为之付出的和能够得到的。

伍迪 · 艾伦永远不会告诉你他想讲述的什么，因为他自己就是这样的一个艺术家，永远在不同层次的色彩中沉浮，通过电影充实自己的欲望、感情和人生，因此他是一个奇才的导演，仅此而已。如果你想通过电影得到点什么，那你就大错特错了，这样的结局只有在好莱坞式的影片中得到。

2010-12-6

TAKEN 2 营救的是美国精神

喜欢《飓风营救》*TAKEN* 而去电影院看 *TAKEN 2* 星期五首映的大有人在，比如我。首先不喜欢中文翻译的标题，明明是绑架或者劫持，非要搞一个什么飓风营救，在72小时内寻找出位于国外的女儿的位置，并施行营救成功，对于一个前CIA的特工来说，的确是飓风般神速，但也不至于翻译成“飓风”什么的吧！

TAKEN 2 讲的还是这个神奇的老爹，这次不仅仅要救女儿，还要救前老婆，简直更加艰难。不过我还是喜欢这部片子，它宣扬了美国式的精神：英雄不是为了救美，而是要救家人；真正的硬汉是绝对不会轻易放弃自己拚死意志的；CIA的训练基本上是无人可挡的，所以别跟在CIA工作过的高手过招； 只要是为了保卫自己的家人，就可以杀无赦；优秀的美国男人是独立、勇敢、坚毅、冷静，爱心无敌的！基本以上几点，就可以让全世界的女人为之倾倒，排队要嫁！所以说，这

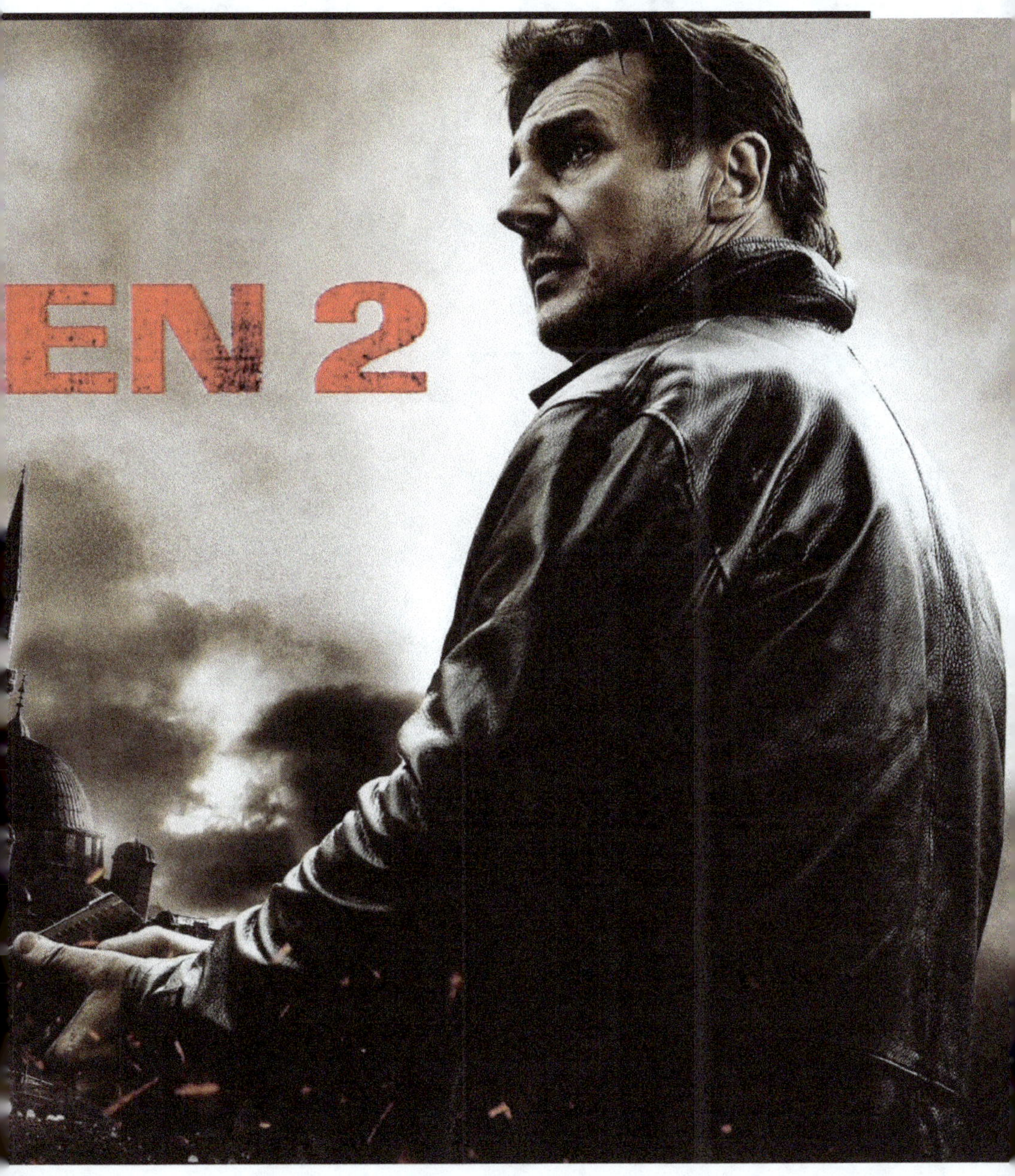
EN 2

部大片绝对宣扬了美国的精神与观点，还让你看了叹为观止，不是仅仅因为这是个精彩的动作片，而是电影所宣扬的为家庭牺牲精神，即便牺牲自己，也不能牺牲家人！不知道男人们看了如何感想，作为一个女人看了，心里感动的同时，也想像自己的男朋友或者先生是否愿意为了自己而付出生命的代价。此刻，如果有儿子的妈妈也需马上想是否把儿子也送到 CIA 里面训练一下，身怀绝技的高手必要的时候也可以自保或者自救的，同时，有女儿的妈妈可能会想，最好女儿可以嫁给一个 CIA 特工，如果出事也可以有人救！

其实还有一点最重要的是，再好的 CIA 特工也没用，必须要有一个真心爱你的孩子，在关键的时刻可以舍身帮你达到目的，也就是说一定要有一个成功的婚姻，即便这个婚姻不幸破裂，这个婚姻中的孩子还是因为你曾经成功地婚姻而对你欣赏敬佩有加，成长成为你教育出来的好孩子，关键的时刻也愿意为你挺身而出。所以，这部片子对于父母来说，相当励志，让你明白无论如何，教育出一个象样的孩子非常重要，他（她）不必上名牌大学，不必成为人上人，只要他（她）爱你到愿意付出生命的代价，你就是最成功的父母了！

最重要的一点，这部电影告诉你，世界上的恐怖分子之所以要袭击美国或者美国人，就是因为他们没有美国式的道德观，只要为了钱或者所谓报复，什么都干得出来，而美国人只有在自己家人遇险的时候，才会舍身。还有，相信谁，都别相信恐怖分子，他们除了赶尽杀绝，其他什么都不想，拿到既得利益就一定会杀掉所有参与的人，所以干什么，都别干恐怖！

最深刻的一点，*TAKEN 2* 弘扬了美国为乐土的原因，这个国家可以什么都不好，但是在保护自己公民的时候，比哪个国家的政府都卖力。所以，如果你有仇人，但没绝技，就一定要呆在美国，因为恐怖分子无法进来，只能等你出国的时候才能除掉你！

对了，*TAKEN 2* 是一部法国人编剧、法国人导演的电影，除了投资、出品和主演是美国之外，基本上就是一部法国人的片子。编剧和制片都是法国名导吕克·贝松 Luc Besson。他早年是法国的文艺片导演，在八十年代末期，九十年代初期可以说是法国影坛上的三大导演之一。其中他的两部动作片子《尼基塔》与《杀手莱昂》标志着吕克·贝松由艺术影片向商业影片的成功过渡，使他享誉世界。如今，他再拍美国商业片的时候，已经对美国的商业价值及文化价值了解透彻得炉火纯青，加上影片在音乐以及摄影构图上的欧洲情节与氛围，一部成功的动作片就应运而生了。在此，不得不佩服吕克·贝松的能耐！

2012-10-6

欲望纽约，粉拳万岁！

愿意去电影院看两个半小时的《欲望都市》*SEX AND THE CITY* 基本都是电视剧版的粉丝。没有看过拍摄6年的同名电视剧集，是不太容易理解电影版的意思的。

SEX AND THE CITY 的确切翻译应该很难，sex 指两个意思，一个是性一个是两性关系。The city 自然是指纽约市中心曼哈顿岛。纽约人常说 The city 不是包含五个辖区的纽约市，而是市中心的曼哈顿岛。只有曼哈顿岛的繁荣奢华和光鲜陆离才能使人感到世界都市的时尚繁华气氛。

如同电影里面的女主角，专栏作家 Carrie 说的，搬去曼哈顿岛的女人都是为了两个 L，品牌 Label 和爱情 Love，如此这般，曼哈顿单身女郎很多都是物质女郎，而在物质的世界里面寻求爱情则不是容易的。

电影版与电视版的不同之处很大，如同开场时候的音乐，原来的充满了浪漫迷离，而电影版的开头一改风格，变成了时尚前卫的节奏。明显的是告诉你，我们还是不一样的。其实，不同于电视版里面的那四个曼哈顿女郎，每天最关心的就是小资生活，爱情和两性关系。电影版的四个女郎与电视剧的开头相隔10年，与电视剧的结束相隔3年。时光荏苒中，女郎们已经变得成熟，她们需要的是独立和自我的追求。

Carrie终于可以和自己10年如一日的爱人Big先生结婚，然而她追求的婚礼形式吓退了新郎，使得她的梦幻婚礼无法如愿以偿。Carrie痛定思痛的之后才明白自己要的是爱情不是名牌的婚礼形式，所谓40岁的女人要潇洒地为自己活一把，而不再是为别人的眼光而活，所以她还有机会和自己心爱的人结婚。也就是说Carrie终于找到自己，为了自己为了让自己快乐也为了让自己爱的人快乐。人生苦短，何必拘泥形式？

性感独立的Samantha在电视剧曾经如此为性而狂，只要男人英俊潇洒就可以上床，管他结果如何。在电视剧结束的时候终于为一个爱她而愿意伴她终身的男模特退出江湖，收敛重做男模的经纪人兼女友。 电影版中一晃三年时光，她已经成为了这个她明星男友的住家女友，失去了自我。当她终于意识到曾经独立自强的自己突然不知不觉中已经沦落成和其他女人一样的男人身后的那个女人，Samantha终于受不了了，而重新选择回到纽约，回归自我。

从这两个女主角的生活，你就可以明白，女人可以失去男人，但不能失去友情

和自我。只有找到自我才可以找到爱的中心位置。

而Miranda从一个独立的女律师终于下嫁给一个什么都不如她的男人，而这个男人居然还出轨，Miranda当然气愤难耐。然而如同Carrie说的，很多事情不是对与错那样简单，一切基于感情。如果你认为他还是一个好男人，你对他还有感情，就试着学会原谅。Miranda学会原谅，学会理解，重新找到自我的中心，她的家庭。

Charlotte的症结是无法有孩子，尽管她拥有一切，爱情、金钱、家庭。但当她学会轻松，放弃自己的焦虑之后，孩子从天而降。也就是说人生的路数很难说，不能过分追求完美或者担心乐极生悲。如同Carrie说的，亲爱的，你今年都把屎拉在裤子里面了，还有什么更糟糕的事情会发生的？！

《欲望都市》是一部关于曼哈顿生活的教科书，也是一部女人面对社会和男人的教科书，当然更是时尚潮流的教科书。如果你喜欢纽约，你一定喜欢《欲望都市》，它充满了纽约的活力和智慧，往往这些活力和智慧可能都是用泪水和痛苦换来的。

电影版中有很多诙谐的语言形容了当今的纽约潮流和现状，没有生活在纽约的人也未必理解其中的幽默。比如Carrie安慰住在布鲁格林区却依然想念曼哈顿的Miranda说，现在人家都说布鲁格林是新纽约。Miranda回答说，说这话的人是一定是不住在曼哈顿的布鲁格林人。言外之意，没钱的人羡慕有钱人说的话。纽约市分五大区，曼哈顿岛，布鲁格林区，皇后区，斯丹顿岛和布朗市。除了时髦繁华的曼哈顿岛之外，其他地区基本都是移民和黑人区。随着曼哈顿岛的房价飞涨，原来住在下城的艺术家都搬往布鲁格林区，所以布鲁格林区的很多地方都开始时髦艺术起来。那么对于那些搬出曼哈顿岛的人来说，住在与曼哈顿隔河相望的布鲁格林区也算时髦之外的时髦。

比如，四个女郎看完奔驰汽车举办的一年一度的纽约时装秀出来，有人将红色的油漆洒在Samantha白色的裘皮大衣上，Samantha看了一眼说：Ah, I miss New York! 反对穿真皮草的运动一直在纽约风起云涌，因为纽约一直是奢华和时尚的中心，每年时装秀上都有皮草的展示，都有时髦的小姐太太穿着皮草在五大道上购物。反皮草的先锋分子就把各种鲜艳的油漆喷在那些身穿皮草的人身上，这已经成为纽约生活的一部分。Samantha的皮草被喷使得她意识到自己不在加州，而已经回到纽约，所以她说我怀念纽约，好好坏坏纽约的一切都令人怀念，对于Samantha

这样的老纽约来说，这就是她明白深爱和骄傲的纽约。

我喜欢《欲望都市》的电视剧集是因为很多经历与其中女主角们相似，追求爱情，追求时髦都曾经是我们年轻时在纽约最热衷的事情。当然，男人也是我们又爱又恨的一部分。电视剧集中有很多非常纽约的故事，诙谐，无奈和笑料。如今，电影版比电视剧收敛了很多，为了迎合全球的观众，更多的谈感情，谈时尚，而关于非常纽约的东西已经不多。但是，电影版的鲜艳和时尚依然让我眼前一亮，毕竟能够再重温年轻时代的故事和场景，看到纽约如此的美丽和魅力，心中漾溢的怀旧感和亲切感无法形容。

《欲望都市》根据坎蒂絲·布希奈兒 Candace Bushnell 所撰写的同名小说改编，第一版在 1997 年上市，之后分别于 2001 和 2006 再版，2008 年发行 10 周年电影纪念版。如果你只看了电视剧或者电影《欲望都市》， 你不见得会喜欢这本书。相对比较，如果说电视剧比较客观、幽默和感性，电影比较时髦灿烂到金碧辉煌，那么这本书可以说是纽约曼哈顿单身男女感情指南，非常的黯淡，尖刻，现实，但是实用。

在曼哈顿没有爱情，只有性爱，这便是这本书的主题！所以对于题目之所以叫做 *SEX AND THE CITY* 茅塞顿开。确实，在纽约曼哈顿这么一个金钱和物欲横流的世界里，爱情的角落比较狭小和寒碜。城里面充满了单身孤独的男女，都是寂寞和孤独中寻找着各种感情寄托和发泄的对象。如果一旦真的相爱，真的结婚，那么基本上都是搬出曼哈顿的。可以说，真的想恋爱结婚的男女未必都会在曼哈顿留恋忘返。

曼哈顿是一个孤独的城市，寂寞的岛屿，如果你没有什么金钱和地位的话，真的会觉得这个城市黑色忧郁的蛮吓人的。

小说没有任何浪漫和粉色可言，完全是冰冷的实事和对男女之间关系的残酷分析。对爱情还保有幻想和浪漫的人来说，*SEX AND THE CITY* 让你会觉得人生真的比较残酷，男人和女人之间的感情和性的战争永远都在上映。

2008-6-11

西部武侠，英雄的内与外

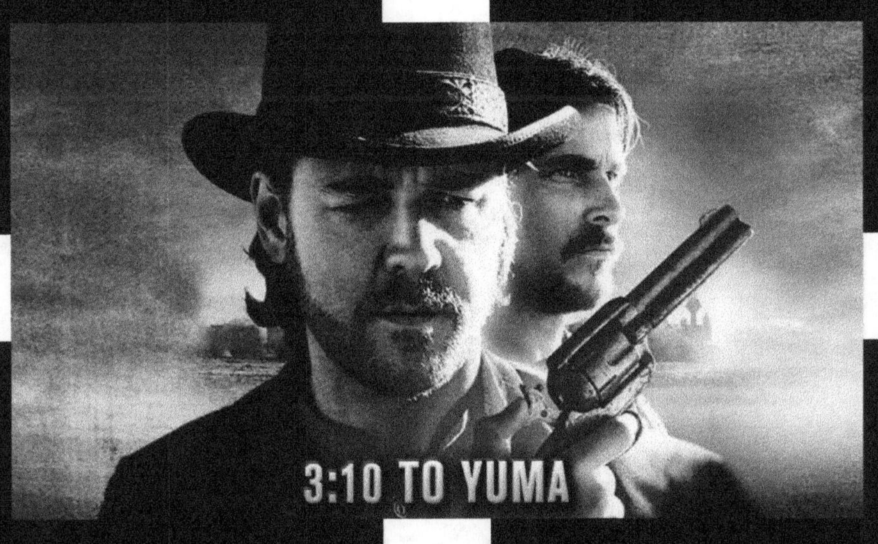

喜欢《决斗犹马镇》3:10 TO YUMA 的理由很简单，好看之外感人！

美国西部片一向走的是武侠路线，旷野上纵马奔驰的气概男人，拔枪速度最快的英雄神枪手，英雄相惜的哥们义气无一不笼罩在西部宽广寂寞的原野上。如果你去过美国西部死谷，就明白如此一望无际苍凉古老的西部是如何充满了个性、往事和传奇色彩的。 站在原始的土地上，感到风从耳边掠过发出的寂寞之声，感到前无古人后无来者的荒凉迷惘，听到历史的脚步在某一个地方踏步，看到传奇在远天的落日深处散发着灿烂的色彩。

电影 *3:10 TO YUMA* 充分体现了这种西部的感觉和精神。从行云流水的镜头运用到灰色苍凉的色彩到悠远潇洒的音乐。这是一部充满了西部火爆气息的电影，非常的精彩，但最让人感动的却是两个男人之间的那种潜在的哥们义气，一个貌似懦弱的住家男人 Dan 的坚强的英雄内心。

首先导演挑选外表看来飞扬跋扈，骄傲不逊的 Russell Crowe 扮演强盗和外表沉稳冷静，不动声色的 Christian Bale 扮演有妻儿的丈夫就是一个最好的证明。Crowe 的粗犷的男人气质和 Bale 的瘦弱不堪成了一个明显的对比，生理上的对比乃至精神上的对比。一个是流浪四方的江洋大盗，一个是谨小慎微的住家男 (family man)，一个是冲杀疆场多年，看破时间感情红尘，见惯杀人不眨眼场面的“武林高手”，一个是尽力维持家计的牧工，为了两个儿子愿意牺牲自己的父亲。这两个形象往那里一站，你就觉得如果动手的话，父

亲根本就不是高手的对手。

但是这个父亲就是让人感动！他人性朴实简单到光明磊落。影片最后 Ben 对 Dan 说（大意），如果你放我走，我给你一千美金。Dan 的神色从不可置信到瞬间的犹豫再到苦涩的微笑，说（大意）我该怎么花得了你的钱呢，人们看我用钱支付一切，问我突然暴富的原因，我将何以面对呢？哇，为了对得起自己的内心清白，最需要钱的穷父亲居然敢于见钱不眼开。这样的人如今根本不多见。如此的宁为玉碎不为瓦全的气骨充满了武侠的气概。

最后，所有的人都退却了，Dan 决定单枪匹马将 Ben 押送火车站，那个时刻令所有的人惊颤。作为观众的我这个时刻内心都暗自希望他退却，省得送命疆场，落得妻离子散。因为单枪匹马一个人寂寞面对外面所包围的那个险恶的世界，活下来的可能等于零。但 Dan 没有退却，原因很简单，他想用他自己的生命为向一向觉得他懦弱的儿子证明一个其实作为一个父亲他也有男人内心的勇敢和骄傲。正如他自己所说，我一生都没有做过英雄，但面对儿子鄙视的目光，没有一个父亲不感到难过。一句话，他不愿意这样苟且偷生，为了儿子眼中一个父亲的尊严和骄傲，

他要在精神上做一回英雄。

Dan 是一个感人的父亲，他常年生活在寂寞荒凉的西部，当牛做马维持家计为的是在那个没有抗菌素时代身患绝症（肺结核）的小儿子能够生活在气候干燥的环境。他在所有人都为了保命而退却的关头挺身而出为的是让一向看不起他的大儿子恢复对于父亲的尊严。电影要告诉我们的是所谓英雄并不仅仅是那些纵横疆场，在枪林弹雨中无畏驰骋的“武林高手”，而是一个忠于自己的家庭，热爱自己儿子，并愿意为之付出生命，敢于牺牲自己的丈夫和父亲。真正的英雄是为了自己爱的人和一切愿意付出自己的男人，真正的英雄是一个愿意以生命来教育儿子成为一个真正男人的父亲，真正的英雄是一个在死亡的面前都不放弃自己的许诺的男人（他许诺要将 Ben 押送到开往 Yuma 的火车上，尽管这个许诺的原因是为了拿到 200 美元来养家糊口），真正的英雄是一个负责任，重情义，坚决完成任务的男人。

在这样一个大义凛然的丈夫、父亲和男人的崇高面前，看破红尘的 Ben 都为之动容。Dan 唤起了 Ben 内心的沉寂的人性，温暖了 Ben 内心孤苦一生的冰冷。他愿意成全 Dan 的心愿，帮助他将自己押送到开往 Yuma 的火车上。在那个时刻，Russell Crowe 扮演的 Ben Wade 和 Christian Bale 扮演的 Dan Evens 一个是外在的英雄，一个是内心的英雄。两个英雄此时相惜，共赴疆场。

影片的结尾耐人寻味。江洋大盗杀死了为了救出自己而不惜浴血奋战的全部手下，因为，他明白自己的手下都是一群没有人性的野兽（他曾经对 Dan 说过），他经历了 Dan 的沧海再难以为没有人性的水，而终于明白自己的父亲是英雄的儿子最终放下了对着江洋大盗的手枪，为的是父亲用生命换来的教育，真正的英雄是不一个随便杀人的人，而是充满爱心责任心的男人。如此充满人性光辉的电影，在这个时刻已经做到了全部关于英雄的解释，于无声中警示后人。

2008-1-11

OM THE DIRECTOR OF "CIDER HOUSE RULES" & "CHOCOLAT"
robert
世界
是由平凡
组成的
MIRAMAX

如果你期待一部好莱坞式的商业大片中，寻求情节的曲折，娱乐的煽动以及感观的刺激，那么这部电影一定会让你失望。《未竟一生》*AN UNFINI-SHED LIFE* 就是这么一部讲述普通人生活，普通人感情的看似平平淡淡的电影，但在这普通的故事后面却隐藏着强烈的感情。

电影在感情的意义上涉及很多，白发送黑发的父亲一直难以克服失去爱子的心痛，并在心痛中迷失生存的方向；痛失爱女但依然勇敢面对人生的的餐馆女侍；因意外事故导致内疚而永远逃离爱情的单身母亲；因从来就没有父爱却一直渴望父亲般感情的小女孩。

我们的人生重满了磨难和失意，为了从这种生活的不满中逃离一下，我们才会去看好莱坞式的大片，从大片带来的各种刺激中逃离现实的沉重和伤痛。但有的时候，我们仍然想知道面对生活的痛苦的时候，别人是怎样做的，所以我们会看反映真实生活的电影，从中的到自己感情的写照和宣泄。

《未竟一生》就是这样展现了几个人生活的不同侧面和在每一个人看似正常的面具下面心的疼痛和感伤。就是如此绝望的人也可以因为爱重新振作，生命才重新充满意义。

如果你经受过痛苦，经受过失去，经受过爱，你就会明白这部电影所想讲述的一切。人生因为爱的存在才有意义，不是吗？如果大家心中永远是悲观的灰色，充满了内疚，充满了痛苦，充满了不满，充满了愤恨，充满了指责，那么人生还有什么意义。这部电影是一部触动内心的电影，对于麻木的人生麻木的情感起到一点微小的触动。我喜欢这部电影就是因为它让我在重温人生的很多失意的时候明白人生还是有着温暖。

2006-5-24

解构生活还是偷窃生活

JUDE LAW
JULIETTE BINOCHE
ROBIN WRIGHT PENN
RAY WINSTONE
MARTIN FREEMAN
AN ANTHONY MINGHELLA FILM
BREAKING
AND
ENTERING
FROM THE DIRECTOR OF
"THE ENGLISH PATIENT"
AND "THE TALENTED
MR. RIPLEY"

第一次看裘德·洛 Jude Law 的电影时，也是一部科幻片 *GATTACA* 里面的一个配角。当时他还没有名气，完全掩盖在当时的当红小生 Ethan Hawke 的光彩里面，但是他一出场，依然让我记住了他英俊年轻的脸庞。*THE TALENTED MR. RIPLEY* 第一次让我觉得他真是潇洒漂亮，符合角色花花公子的感觉。后来看到《兵临城下》的时候第一次被他的演技征服，觉得他太会演戏了，完全看不到一个所谓英俊潇洒的男人，而是一个充满了真实的苏联士兵。这就是裘德·洛给我的最初印象，一个演什么像什么的演员，而不是一个外形英俊的明星。 后来裘德·洛开始

BREAKING AND ENTERING

大红大紫，电影里面的角色也多被英俊小生所取代，而不是一个曾经演技卓越的演员。然而在这部《解构生活》*BREAKING AND ENTERING* 里面，他再一次让我看到他演技的光彩，而不是面貌和身材什么的。

像所有英国的演员一样，裘德·洛非常具有演戏的本事和功能，他的演技比起好莱坞的很多所谓英俊小生不知好多少倍。在这部反映了英国社会现实生活的电影里面，他的演技再一次让我们觉得他依然是一个演员，将一个禁锢在家庭生活中喘不过气来的住家男人，一个和一对母女相依为命却永远得不到信任的男友和后父（法律上还不是）的压抑和无聊感演的非常恰到好处。你不再觉得他是 Jude Law，而是电影中的那个生活中普普通通的男人。

其实 Breaking and entering 是一句警察术语，指非法进入别人家进行偷窃的行为。偷窃？当然除了电影里面的偷窃行为而导致的一个故事之外，还意味了其他的偷窃？每一个人的谎言，谎言背后的真是情感，生活在谎言

之中的人和生活本身是不是将每一个人的时光、真实、情感等等进行了一把偷窃？在生活中也许每一个人都在 Breaking and entering 别人的生活和生活里面的一切隐秘。

顺便说一句，朱丽叶·比诺什Juliette Binoche的演技永远是杰出的，但是我依然怀念那个当年在《蓝》里面让人惊艳到震惊的法国美女朱丽叶·比诺什，她的冷峻的美丽和卓越的气质让我叹为观止。从《蓝》以后她很少再那么出彩了，怀念法片时代的Juliette Binoche！

2007-5-12

MATCH POINT

Passion Temptation Obsession

人生的运气

《赛末点》*MATCH POINT* 是一部另人震惊的电影，起码我是这么觉得。导演伍迪·艾伦 Woody Allen 再次向世人证明了他的才华和能力。也只有伍迪·艾伦可以如此从容不迫地将一个婚外情导至背叛谋杀的故事如实地讲来。

正如电影的开始所说，有的人就是幸运，而生活中的很多人就是靠这一点点超跃别人而幸运得到一切。一如男主角出身贫困，却"嫁给"有钱的小姐过上梦寐以求的舒适生活，又意外得到了一个漂亮性感的情人。他不得不周旋在两个女人中间，在金钱和感情的两个极端的选择中徘徊。最后，当他面临失去舒适生活的危险下，不得不背叛了情人的时侯，电影推至高潮进入了意想不到的结局，男主角这时侯再次靠幸运逃脱了应得的惩罚。正如电影的主题目《赛末点》，一球可以定江山，人生也就靠如此一球的幸运而改变。

曾经有一部类似的好莱坞电影 *A PLACE IN THE SUN*（又名：郎心如铁 / 阳光照耀之地）讲述了同样的一个故事，但贪图富贵的男主角得到了报应。而在《赛末点》*MATCH POINT* 里，男主角靠自身的幸运，也就是这么点运气逃脱了他悲剧的结局。

伍迪·艾伦也曾经拍过一个类似的电影，即 1989 年的 *CRIMES AND MISDEMEANORS*（又名：爱与罪 / 欢情太暂 / 犯罪与不端）。但是，没有这部电影如此令人有看头。如果说这部电影是伍迪·艾伦回归商业电影的精华之作，那么这部电影可以得奥斯卡奖。没有其它的导演敢于如此嚣张地将一个背叛和谋杀拍得如此理直气壮。其实，现实生活中，很多爱情的犯罪不也都是这样理直气壮的嘛。

金钱和感情之间的选择一直是生活中永恒的主题，加上背叛和谋杀，让人不禁为金钱社会中感情的可怜残存感到叹息。

2006-4-27

似曾相识，电影就该是娱乐！

我觉得电影的目的就应该是娱乐。一部好的电影可以让你暂时离开现实的生活，在电影的情节里面生活两个小时，这两个小时充满了娱乐、刺激、想象、美好、爱情……等等沉闷的现实生活中没有或者少有的景象、镜头和情节。观众在这些镜头中仿佛置身另一个世界，在这个世界中他们经历了感情上心里上的冒险和满足；

电影就是这样，给与大众娱乐，让大众在娱乐中领略很多他们的生活无从得到的人生经验，看到他们不可能看到的各色景象。电影是观众的一辆时光列车，当这部列车驶过的时候，他们在灯光闪烁的窗口里看到各色不同的生活从他们眼前掠过，并在各种发生的故事中得到自己不同的满足不同的宽慰。

《时空线索》*DÉJÀ VU* 就是这样一部提供给你娱乐的电影，让你看完电影以后得到一种心理情感上的满足。一部电影可以做到这样就已经是成功的。

《时空线索》的编剧原来打算写一部爱情故事，他的制作人帮他搜索各种可以拍成电影的情节。后来编剧看到制片给他的一个剧本大纲，说一个侦探的女友被杀害，侦探在破案的过程中得到一个奇怪的仪器，通过这个仪器他可以看到女友死亡前一个星期的生活而得到凶手的线索。编剧看到大喜，认为如果这个侦探在调查案子的时候碰到一个令他心仪的女人，而这个女人却是停尸间里的一具尸体，她就是被凶手杀死的受害者。通过调查，侦探爱上了这个女人并找到杀人凶手。

在这个基础上，编剧写出了这么一个电影故事。当然为了使电影的范围更洪大，他们结合了恐怖分子的情节，编写出轮船被炸，500 多人的遇害时的美国各个司法机构都参与破案，使得侦探可以得到最科学最先进的仪器的帮助回到过去改变时光的轨迹。

《时空线索》给我们大家一个完美的电影。行云流水的镜头，精彩多端的剪辑，优美动听的音乐，演员精湛的演出……令人情感心理上得到满足的结尾。要知道，电影不是生活，如果电影完全和生活一样，电影就失去意义。作为一部电影，《时空线索》是成功的。最主要的是，电影在新奥尔兰拍摄，一个古老漂亮却被洪水毁坏的城市。这部电影再现了新奥尔兰的魅力，展现给全球观众新奥尔良的形象，为新奥尔兰带来金钱和生机。从这么一个人文角度使命感出发，这部电影更是值得推荐欣赏的。

什么是 Déjà Vu？其实 Déjà Vu 存在于我们每一个人的生活中，经常使我们对于眼前发生的某个情节镜头产生似曾相识的熟悉感，这就是所谓的 Déjà Vu，也是电影试图告诉我们的。

Tony Scott 与 Denzel Washington 合作为这部电影带来的所有的光辉，一个演技精湛的影帝，一个一流的导演，他们是这部电影的最大光辉和亮点， 为这个也值得看。

好了，既然如此，就不要为情节的是否合理而争执探讨。After all，这是一部科幻加动作电影。既然是科幻，情节是否合理就不重要了，现实生活中既然尚无法穿越时空，进行时光旅行，一切便都是杜撰。还是让我们轻松一点来享受电影带给我们的短暂快乐吧，在两个小时里面从容地享受一下时光旅行的想象，为爱情的味道微笑。

2007-4-28

扣人心弦的末代独裁

原来没想看《末代独裁》*THE LAST KING OF SCOTLAND*，觉得肯定是一部政治色彩浓重的电影，我一向痛恨政治，对任何政治电影都没有兴趣。再加上电影得了奥斯卡的最佳男主角奖，更是没有兴趣看这部电影。奥斯卡奖已经变得很无聊，很公式化，并不是好的电影都可以得奖的，能够得奖的反而是那些中规中矩的电影或者主演，符合了好莱坞的某种游戏规则而已。

但看到DVD的预告片的几个镜头就让我对这部电影产生了兴趣，男主角福里斯特·惠特克Forest Whitaker以前是配角演员，演了很多可有可无的角色。但在这部电影中他的张力十足，跟以前的温吞水很不一样，我倒是想看看。

看了DVD以后，完全被电影的情节内容吸引住了，一直提心吊胆地看完，替苏格兰年轻医生的性命担心。很多年以前看过阿明的传记，知道他是一个惨无人道的暴君，居然在这部电影里看到阿明的再现，总是觉得有震惊的感觉。

如果你看过福里斯特·惠特以前的演出，含蓄内敛，出色的配角，从不引人注目但像水一样粘合着电影情节的转换，映射着电影主角的光彩，你就知道在*THE LAST KING OF SCOTLAND*中他完全与本色不一样，完全与以前不一样，你就知道他为这个角色付出了多少的心血。Forest Whitaker完全赋予了角色血肉和灵气，将一个独裁者的各个层面表现得天衣无缝。阿明和任何政治独裁者一样存在着偏执狂和多疑症，他们一会以普通人的亲切面目出现，好像是很了解你的朋友，一会又以领导人的面目出现，对你大吼大叫，将你视如粪土。演绎这样的一个内力凶残外面平和的角色绝对不一般，扭曲的心理，多疑的头脑，疯狂的残暴不是一个普通人可以承受的，也不是一个普通人可以理解的。福里斯特·惠特在拍戏的三个月中将自己变成了阿明，让角色主宰自己，让阿明成为活生生的一个形象复活，真是不容易，也真是了不起。他得到奥斯卡奖可以说是当之无愧！！！

这是一部基于真实的历史事件上编织出来的一个故事，只是为了戏剧性地展现出阿明的时代和阿明的本性，真假交织地讲述了这么一个惊险的故事。电影的全部惊险在于阿明的时代赋予历史的白色恐怖，对我们经历了各种复杂历史的国人来讲，是最熟悉不过的一种感觉了。

想了解过去的一个时代和历史，知道暴君的点滴，就请看这部电影，一部扣人心弦的精彩电影，以一个虚构的故事将真实的暴君复活，熠熠如生！

2007-4-25

女人的悲喜剧三部曲

1. 乔治亚法则 *GEORGIA RULE* 2007

典型的美国式母女关系尽显剧中，恐怕和中国母女关系非常不一样。美国人的骄傲和独立在这部影片中的母女关系中得到了最佳的表现，也正是这种骄傲和独立使得母女关系变得很遥远。

简·方达扮演的外婆比较接近中国母亲，永远也不会说我爱你，只是用行动来表示爱意。而母亲的形象比较弱，是那种典型的美国女人，表面上客气谦和有礼，实际心里面很扭曲寂寞黯淡。 我最不喜欢这类女性，表面上很风光的样子，实际不怎么样。Felicity Huffman 其实是一位很优秀的演员，把这种类型的美国女人表演的很到位，让人觉得厌烦。对于外形并不美丽的她，扮演年轻的时候也是一名叛逆女，中年的时候是一位名律师的花瓶太太也许并不能说服人，但是她的演出往往使人忽略了她的外表，让人只感觉到角色的浮现，具有说服力，说明她的演技还是厉害的。

叛逆的女儿最光彩照人，也许是美丽性感的 Lindsay Lohan 的缘故吧，无论做什么都不让人讨厌。每次看到 Lindsay Lohan，我都会想到曾经风

靡全球的法国美人，碧姬·芭铎Brigitte Bardot，Lindsay真的很有碧姬·芭铎的风范，很性感迷人的娇媚和可爱，像绿眼睛的猫一样招人怜爱。

其实这部片子已经超越了母女关系所谓的亲情片，它揭示了当今美国的社会问题，包括问题青少年的处理，醺酒问题，男女之间的关系问题，亲人之间的恶劣关系，人与人之间的信任和关爱的缺乏等等。只是它用比较轻松的态度，比较喜剧的姿态来诠释一切，让人觉得一切都不过是阳光下打碎的酒瓶，扫起来就好了。当然一个不到两个小时的电影能够解决什么问题呢？不过是通过母女三人最终的回归而得到比较完满的结局罢了。

2. 爱得过火
BECAUSE I SAID SO

这部电影从制片到编剧都是女人一手操办的，基本上是一部女性电影，难怪男人们看得无聊呢！

其实，Diane Keaton 演得还是很不错的，非常喜剧。她敢于以 60 岁的年龄穿着内衣和其他三个身材一流的年轻演员一起出镜，够可以！从这一点讲，她就是一位好演员，一位好的喜剧演员。Diane Keaton 不是我的 cup of tea，但是她演出的角色都能引起我的注目。

作为剧情来说，母亲和女儿之间的关系，爱也好、怨也好、恨也好，都

是男人们所体会不到的，自然也不会理解的，所以上面两位男士的评论根本都不用看。这是一部女性电影，做过女儿的或者母亲的才可以理解。

母亲有的时候固然可恨，但是单纯从爱的角度来讲，没有几个母亲不为女儿着想的，只是一个母亲需要很多的智慧才可以做好一个女儿的母亲，光是有爱和经验都是不够的！！！

当然作为一部喜剧电影，母女之间的很多情节比真实生活要美好很多，真实生活中的母女世界根本不是如此浪漫，简直可以用战场来比喻，只是看了这部电影，让你多少有会心的微笑和温馨感，就已经足够了！！！

3. 交出桃乐茜
SURRENDER DOROTHY

看过《爱得过火》*BECAUSE I SAID SO* 以后忽然觉得 Diane Keaton 的母亲角色演得很不错，搞笑的同时让你感动，所以就看了这部电影。

Diane Keaton 在这部电影里面的母亲角色多少还是有点《爱得过火》里面的影子，好像是那部电影的姐妹篇。一个对女儿爱得有占据心理的母亲，在失去女儿以后，无法走出伤痛而进入女儿的朋友们的生活，试图寻找女儿的点滴回忆和记忆。

值得一提的是，电影里面女儿的异性好友的扮演者就是《爱得过火》里面女儿的男友扮演者 Tom Everett Scott，所以这部电影还是有《爱得过火》的影子。

美国人表示哀伤的心理和我们中国人不同，她们永远不会在陌生人面前悲天悯人的痛不欲生，她们掩饰内心的手段完全通过行为表现出来，所以中国母亲可能无法认同电影里面那个失去了女儿而依然行为可笑的母亲，如果中国电影肯定是一部让你不痛哭流涕不罢休的电影，但是从生性乐观的美国人角度来看，Diane Keaton 的行为并不是不可以接受的。

其实，这部电影所强调的就是爱应该给人空间，母爱也好，爱情也好，都要留有呼吸的空间，否则，任何亲情和爱情都难以生存。 可惜的是，电影中的母亲，在失去女儿以后，随着和女儿的朋友们在一起的一个人生活才理解到这点。

2007-5-16

《夺宝奇兵》的重归

INDIANA JONES
and the
KINGDOM OF
THE CRYSTAL SKULL
IN THEATERS MAY 22

INDIANA JONES
and the
KINGDOM OF
THE CRYSTAL SKULL
AUDIO COMMENTARY
Other Audio Commentaries
Other Audio Commentaries

带着两个小儿子去看时隔十九年后新拍摄的印第安纳琼斯电影《夺宝奇兵 4》*INDIANA JONES AND THE KINGDOM OF THE CRYSTAL SKULL*，不由触发很多怀旧的感觉。当年第一次在北京的内部影院看到《夺宝奇兵》第一部电影时还是少年，惊得下巴都掉了下来，从来没有看过这么好看的电影。时光荏苒，那已经是 80 年代的事情了。80 年代没有什么好看的国产电影，看到如此好莱坞的大制作已经是满足得不能再满足了。

两个上初中的儿子最近都迷恋上卢卡斯的《星球大战》，对卢卡斯崇拜之极，自然也想看印第安纳琼斯的电影。他们都没有看过前三部，只听他们的妈妈我讲过而已。不过《夺宝奇兵》对他们来说开始太过历史感，看得很有些无聊。

电影院里坐满的几乎都是曾经的印第安纳琼斯迷，时光流逝近二十年以后，大家再次坐在影院里面看印第安纳琼斯的时候可能都有很多青春的怀旧。

我觉得印第安纳琼斯的电影不再好看的原因是因为时代已经不断向前，真实生活中发生的事件都已经是印第安纳琼斯的时代不可想象的，比如 911 以后的反恐，都是我们曾经根本没有想过的事情。印第安纳琼斯再次出现，除了怀旧之外，不能带来更多的惊喜。毕竟，我们都是迷恋过 matrix 这样电影语言与技术都超前的电影。电影已经进入了科技的时代和超越想象的时代，这个时代相比 80 年代来说，根本都是沉舟侧畔千帆过了。因此，我们不再年少，触觉也不再新鲜。我们当年看到印第安纳琼斯和《星球大战》时的惊喜和过瘾都已经是很遥远的陈年往事了，今天的印第安纳琼斯给我们带来的不过是对少年时代的某种迷恋和怀旧。

不过对于曾经让我刮目相看的斯皮尔伯格来说，我依然选择去看他的电影，他的电影辉煌已经被时代烙印，让我们总是难以忘怀。每一个人都会老，不过哈里斯福特老的依然让人充满敬佩，毕竟，一流的巨星不会造成三流的效果。

2008-5-25

电影的情仇

与

明星的爱恨

EYES WIDE SHU

好莱坞巨星的婚姻如同电影桥段一样总是吸引我们普通人，好像他们扑朔迷离的谣传与故事折射出我们生活的平凡与无奈，因而更加让我们很想在我们的位置上穿上他们的鞋子，走一段他们的道路，哪怕这段路与我们曾经有过甚至正在经历的某些痛苦和焦虑一样牵引着我们内心深处的爱与恨 。

安吉丽娜 · 朱莉与布莱德 · 皮特的宣布离婚让他们夫妻最后拍的一部电影《在海边》*BY THE SEA* 又让人拿出来津津乐道，好像这部描述了一对作家夫妻婚姻走到尽头的挣扎与痛苦就是朱莉与皮特婚姻的写照。

无独有偶，当年同是好莱坞巨星的汤姆 · 克鲁斯与妮可 · 基德曼离婚前拍摄了双方最后一部合作的电影《大开眼界》*EYES WIDE SHUT*。当初拍摄《大开眼界》这部电影时，各种关于汤姆与妮可婚姻危机的谣传也喧嚣至上。《大开眼界》这部电影是由美國著名導演斯坦利 · 库布里克去世前导演的最后一部影片，描述了一对纽约中产阶级夫妻在婚姻上的危机。当丈夫得知老婆的性幻想对象不是自己的时候，他开始探寻自我性解放的过程，并偶然参与了在纽约长岛豪宅里举办的一个神秘的性盛宴派对。这个派对引发了夫妻两人之间在性与道德方面的重新认知。库布里克的電影素以描述人類内心複雜思想以及探索人類弱點而著稱，而這種充滿了库布里克式樣的知識份子頽廢情節的探索很容易讓一對本身就開始出現婚姻危機的明星夫婦通過放大婚姻矛盾而反诘自身的婚姻本質，从而折射出自身的弱點，这对于一对哪怕就是婚姻健康的夫妻來說也是大膽的嘗試。

《大开眼界》于 1999 年上映，汤姆与妮可于 2001 年离婚，时间不过两年。此次，安吉丽娜 · 朱莉与布莱德 · 皮特拍摄的《在海边》于 2014 年杀青，2015 年上映，而两人现在宣布离婚，也不过两年时间。

离婚本身就是一件极其充满个人痛苦与郁闷的事儿，说好听了是个人成长过程中必然的一个过程，说不好听了（尤其从世俗观点看来），就是个人生活建树上的一个失败。对于任何婚姻健康的夫妻，拍摄一部婚姻危机的电影，在那种离婚前奏的郁闷、烦恼和焦虑之中展示出双方在性、感情与道德上的不同期盼值以及这种不同带来的各种危机，这本身的压抑、挣扎与矛盾就无形放大了一个婚姻中的各种潜在弱点，给明星双方带来一种不同的审视自我婚姻的意外视角。比如，在《大开眼界》中，性成为一个矛盾焦点，让夫妻双方经历了各自内心的失望与怨恨。而现实生活中，汤姆确实因为爱上了更性感更年轻娇艳的西班牙女星佩内洛普·克鲁兹而与妮可分手。在《在海边》中，皮特扮演的作家迷恋于酗酒和大麻而导致生活颓废，无视妻子内心因为流产的痛苦与挣扎。 现实生活中，朱莉提出离婚的原因就是皮特的酗酒和沉迷大麻。不得不说，电影中对婚姻危机晦暗的描述对扮演者多少都有种潜在的影响效应，让他们无力自拔地重新回到自己的婚姻生活中去。虽然当初拍摄《在海边》时，安吉丽娜自己也说过，虽然电影中的婚姻并非她与皮特现实中的婚姻，但当他们进入角色的时候，迸发的确是各自真实的感情与情绪。而当他们回到家里面对孩子的时候，要学会迅速从角色中走出来。

对于电影明星来说，拍摄一部电影可以让他们迅速爱上彼此，也可以让他们逐渐憎恨彼此。12 年前，安吉丽娜·朱莉就是与布莱德·皮特拍摄电影《史密斯夫妇》时爱上彼此的，朱莉小三上位的电影现实版

拆散了皮特与珍妮佛的婚姻。同样，汤姆·克鲁斯与妮可·基德曼也是1990年在拍摄《雷霆壮志》时一见钟情而拆散汤姆与电影演员咪咪·罗杰斯的婚姻。这两对明星夫妻都是因为拍摄一部爱情电影爱上彼此，也因为拍摄了最后一部婚姻危机影片不久后离异，你不得不说，电影与现实确实有着冥冥之中的某种必然联系。与其说一部电影可以建立或者摧毁了一对明星的婚姻，倒不如说电影折射了人们对爱与婚姻的某一种期望时的激情以及失望时的裂缝，电影明星也不例外，只不过他们比我们普通人更多一些不同角色赋予的感情历练与尝试。

最悲催的就是我们这些普通人，看到相恋二十年的一对明星结婚的时候大呼"我们重新相信了爱情"，看到相爱十二年的一对明星离婚的时候大呼"我们不再相信爱情"，好像明星电影与生活都是混为一谈似的，而我们作为电影院的观众也习惯了在现实生活中观影，看着明星生活上的喜怒哀乐而比较我们自己现实版相对看似"无聊枯燥"的人生，界定出现代社会上的速食爱情观。殊不知，明星与我们的生活在享受时与我们相隔深远，而烦恼时不过一线之隔。

2

打开怀旧这扇门

狂おしいほどの欲望と、絶望。
移ろい、漂う、心と身体。
スプリング・フィーバー
SPRING FEVER
中国で映画製作を禁じられたロウ・イエが描く
最も純粋なラブストーリー

迷惘在春风沉醉的夜晚

南方的味道弥漫在空气中，展现着一种灰色的糜烂及迷惘，在这种灰色的迷惘与怅然中，年轻的脚步走过南方的街道，树林，小路，缓慢的长镜头显得悠长沉闷却耐人寻味。在烟雨朦胧的寂寞中，在欲望的早熟的颓败中，在寂静无声的沉默中，男性的肉体展开交战，欲望写满脸面与镜头的时候，竟然如此沧桑如此茫然。这就是《春分沉醉的夜晚》的开始。

情绪的渲染是娄烨电影的主题，不管是他的轰动嘎纳影展的成名作《苏州河》，弥漫着阴雨连绵的《紫蝴蝶》，富有争议性的禁片《颐和园》，还是去年的一部充满情色的感情素描《春风沉醉的夜晚》，留给我印象最深的就是贯穿影片的那种无可奈何的却紧扣时代脉搏的情绪的淤积。不管故事情节如何转换，场景如何不同，城市如何变换，唯一不变的就是情绪通过电影镜头的渲染，层层叠叠如水波般的饱满的情绪被压抑成各种沉郁的色调，又如暗夜般闪烁着斑驳陆离的光彩。一切如同现实，又如同幻境，在我们的眼前扑簌迷离。

娄烨的电影像极了60年代末期法国新浪潮电影时代的影片，充满了文艺片混沌色调、腐败气息、矫情的泛滥以及迷惘抒情的音乐，而这种混杂的感觉交织在主题故事的内容中时候，却又恰到好处的将环境以及人物的心理活动烘托到位，充分地显示了他的在这方面游刃有余的功力和炉火纯青的技巧。

还记得当年看《苏州河》时候的惊艳和冲击，变换不停的画面，手动的镜头跟拍，暗淡的色调，颓废的气质，交织在恍然若失情绪化的音乐中，充满了那个时代的感觉，将女主角的迷茫和沦丧描述得淋漓尽致。多少年后，再次看娄烨的《春风沉醉的夜晚》时，那种大肆渲染的情绪更加透彻地绽放在镜头的每一个角落，让人欲罢不能。

渲染情绪的影片每一个镜头的进展都是缓慢的，开始的时候也许并不适应，但是看了一会下来，你就会被这种情绪迷惑住，不得不跟着故事情节探究其中原委。

背景城市依旧是南方城市，而南方特有的阴霁和暗淡的气候，使影片充满了南方的忧郁。晦暗的色调将几个感情关系尤其是同性恋的感情关系的那种压抑感渲染到极致，那种压抑到爆发的极致，而在这种极致的爆发中，性的禁忌如同一朵黑暗中绽放的花朵，尽极璀璨之色。这部电影恐怕是娄烨所有影片中最肆无忌禅地描写情色的一部作品，将他在《紫蝴蝶》里面曾经被压抑住而欲言又止的性描写推向顶峰。

《春风沉醉的夜晚》在南方的城市里面并不浪漫，充满了同名小说郁达夫描写出来的老上海的那种贫穷、迷惘和忧郁。镜头写实生活中的那种肮脏污浊的生活环境的同时，用灰色黯淡的色调表述了主人公们彷徨压抑的感情关系，以摇动的镜头展示了故事主角们的那种变换不定的情感。一切都是茫然无助的，在这种茫然无助的环境中反射了四周社会压抑与晦暗，也反射了他们之间悲剧色彩的情感纠葛所带来的无奈和迷失。

《春风沉醉的夜晚》描绘着几个年轻的小人物在大时代中的哀歌，而只有娄烨将这种小人物大时代里面注定的沉沦和迷惘之哀歌用电影表现出来，让我们在那种似乎是纸醉金迷的社会环境背后看到的角落之中的暗物质，以及小人物们生活的悲凉。在这个层面上，中国导演中，只有娄烨敢于直面大历史大时代中的那种特定的人生的流转与悲哀。

2011-6-1

【臥虎藏龍】【斷背山】奧斯卡金獎導演 李

色易守，情難防

戒|色

LUST CAUTIO

老上海瓶裝的欲望都市

坎城影帝
梁朝偉

潛力新星
湯唯

易先生電影製作有限公司 海上影業有限公司 李安

亞歷山大・迪斯皮拉特 朴若木 提姆・史奎雅斯 ACE

王蕙玲 江志強 李安 詹姆斯・夏慕斯 部

王蕙玲 詹姆斯・夏慕斯 李安

www.bvi.com.tw

今年中秋 真愛無罪

喜欢老上海旧时光的人都喜欢张爱玲，喜欢张爱玲小说带来的那种浓郁的旧上海的时代感。去看《色戒》这部电影不是为了李安而是为了满足留恋旧上海的怀旧心结。从小就是听着外祖母关于上海的回忆和陶醉中长大，旧上海的一切包括照片也好，剧照也好都成为了我怀旧的一部分。

任何关于老上海的电影我都会去看，为的是一睹已逝的时光雕刻的丝丝回忆的映像。《色戒》也不例外，看到电影宣传片里面的几个老上海的镜头已经怦然心动，非看不可的意愿油然而生。

张爱玲的色戒已经看过不止一回，感动得倒不是张氏的文字，而是故事背后的真人真事，那个美丽如昙花一现的郑苹如。翻看了所有关于曾经的大家闺秀中统间谍郑苹如的故事和报道，心里面总是为那个红颜薄命的女子暗自哀伤，一个为了自己的信念而大义凛然赴死的女孩子，一个把个人的生死安危置之度外的女英雄。她并不是江姐或者刘胡兰，而是上海滩的一个吴侬软语，娇柔美魅在西方生活方式中长大的时髦女郎。她完全可以选择一个时尚明星般的生活嫁一个达官贵人过着锦衣无忧的生活。然而她选择的却是一个为了爱国而断然将红颜埋葬的目标。这样的女子如何叫人不难忘。

张爱玲写《色戒》的时候已经经历了爱情的心如止水，已经不再是一个飞扬跋扈的年轻女才子，她对爱的失落，对男人的失望和痛恨都已化成了简练的文字精准的描写在《色戒》之中，看了让人寒心。

而李安在张爱玲的艺术加工上再次加工的时候，所带着的各种意图和内心都已经不再是一个《色戒》所能表述的了。张爱玲写《色戒》的起因一定是像我一样对一个时尚丽人的间谍背景和动机充满了好奇和敬佩，但经过了三十年的改写，三十年的青春遗失爱情已逝，笔下的人物已经不再浪漫不再年轻动人不再湿润新鲜，充满了中年妇人对人生对男人对爱情的阴郁暗淡和残酷。

而真正的人物和故事在这种描写的过程中已经改变褪色了很多，空留下很多对往事红颜的猜测和推断。

于是，李安干脆以一个现代男人对爱情对男人对女人和性的感受重新在老上海这个迷人的背景中演绎了一个充满现代意味的情色交织的间谍故事。

一个单纯的女学生在还没有真正经历过爱情的惊心动魄的情感就被爱国的势力拖入一场间谍的战争，做一个汉奸的情人，体验到情场老手玩弄女人的性。

单纯的女孩子那里经得起性场上的千锤百炼，一次次的性爱高潮已经让她失去的最初的目标，迷惑了她的心灵，以为得到了一个中年男人的爱情。如果张爱玲所说的得到女人的心就是通过女人的阴道，那么李安的电影是做到了。激烈的性描写无非是让观众明白一个二十岁出头没有多少性体验的女孩子所理解的爱情范围不过是一次次性高潮带来的刺激和满足导致的爱情的升华。

从来没有经过性高潮的女孩子往往难以忘怀的是第一次给她性高潮的男人和经历。往往这个男人就是这个女孩子以为爱上的一个男人。就是这样的一种情感可以让她忘乎所以自以为得到了男人的整个天下。

而对于这个男人来说，她不过是他无聊的婚姻生活外面的一个刺激、一个青春的回归、一个红颜知己的奉献而已。对于这种奉献，他是否会记忆终生，我们就不得而知了。

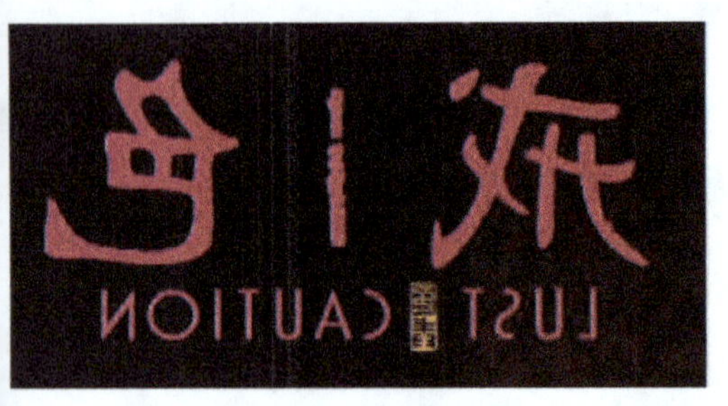

不过以一个女人的花样年华的牺牲来换取这么一个所谓终生的记忆也是太不值得的事情。对于这个道理，张爱玲明白，李安也心知肚明，只是这个故事中的女孩子未必明白。于是在张李二人的冷眼中，一个美丽的红颜就这样轰然消失在时光的影子里面了。只是在李安的牺牲中，这个红颜得到了充分性的满足。

可惜的是，那个真人真事的郑苹如恐怕连这个性高潮都没有体验过就完结了，真是让人扼腕叹息。四十年代的上海，纯情的女孩子是否会像现代电影里面一样赤身裸体的享受性生活我们姑且不管，但是对于在这个所谓老上海旧时光大幕下演绎的情色故事有多少时代的影子我们也心知肚明的。不过一个就着张氏的旧上海旧故事的基调上编制的一个现代版的欲望都市，只不过这个欲望都市的背景极其古色古香，细节极其精致，色调极其优雅，味道极其精炼就是了，可以说是一个让人难忘的老上海般的欲望都市。

《色戒》最让我难忘的就是梁朝伟的演技，阴郁狠毒，却充满了男性的钢阳和魅力。难怪汤唯扮演的女学生会爱上他，哪个成熟的女人会不爱上这么一个男人？忘记他是汉奸忘记他杀人如麻，记住的只是他床上的英姿和身手的矫捷。这样的一个男人，这样干练的眼神，让人过目难忘。

《色戒》里面关于老上海的背景细节一流，不过那些女人们好像不太像过去老上海的人物，不像我外祖母相册里面的那些女人充满了旧时代的时髦感觉，好像非常的像现代人装扮的老上海女人们。尤其陈冲，让我感到如此的格格不入，想象不出来她是那个时代的人，可以做梁朝伟的老婆，也许我的要求太高了吧！

王立宏的演出充满了时代青年的感觉，还有点像那个时代抗日的热血青年。他在电影里处于角色的懦弱而不得很多的发挥，但是仍然可以看出他的英俊和镜头感。王立宏是一个可以成为好演员的明星，李安的《色戒》给了他一个表演的舞台。

看《色戒》的时候是在纽约的林肯中心的一家小剧场，专门上演独立制作的片子那种艺术文艺片剧场，环境和效果都很陈旧，充满了上个世纪的味道。十几年前就在这个剧场看过电影，一恍，多少年过去一切依然如旧，此次来看的却是李安的《色戒》，多少有点旧时旧景怀旧的意思。观众都是上了年纪的美国人，那种对过去的上海充满了怀恋的老时代的人，还有很多的中国人，都是冲着李安或者《色戒》的宣传而来，当然也有我这样的充满了对老上海的痴恋和对张爱玲的敬重。

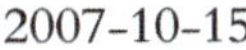

2007-10-15

将爱
情进行到底
ETERNAL MOMENT
张一白作品
A Zhang Yibai Film
领衔主演
Starring
徐静蕾
Xu Jinglei
李亚鹏
Li Yapeng
Le Grand Films
2011年情人节 等你爱我

人的怀旧恐怕是最脆弱，最敏感的一种感觉，往往一个电影片段，一首歌，一句话，甚至一张照片就可以迅速打开怀旧之门，看到门后那些已经逝去的岁月，那些已经苍老了的青春和那些已经遗忘了的人。

《将爱情进行到底》这部电影就是突然以这种一个让我意想不到的姿态，在初夏的一个平静的午后，打开了我的怀旧之门。

喜欢文艺片的矫情和浪漫，就是那种可望不可及的感觉驱使着我们在感情泛滥的河流中看到我们曾经经历过的岁月，以及那个岁月里面的经过的人和事。随着煽情的音乐，随着感伤的画外音和纠结的感情矛盾回到我们每一个人都曾经拥有的褪色的年华和岁月，模糊的往昔和面容。

打开怀旧这扇门

于是我们自己的故事就成为了这个自编自导的文艺片，在只有我们自己听得懂的语言陈述中，我们各自曾经迷恋的某段感情故事中，我们曾经熟悉的音乐中，我们看到了主要角色的自己，喜怒哀乐，爱恨情仇上演着我们自己心里清楚的感情故事。

我想起了我的初恋情人，想起我第一个男友，想到曾经与他们在北京共渡的青春岁月。那个时光回忆起来的时候与青春的颜色一样翠绿，即便是感伤的也是充满了青春惆怅与迷茫的青葱味道。现在，他们在哪里，是否一切都好，我已经不得而知，记住的只有我们稍纵即逝的日子和感情，那些镀着年轻光彩的日子。

想起了好多好多，还有我最要好的中学女友们，那几个心地敏感，文字卓越的女孩子。在当年的那些青春激荡的岁月中，我们曾经一起笑、一起哭，为了那些伤了我们心的男孩子，也为少年不知愁滋味的所谓哀伤。现在，她们又身在何处？是否还在世界的某一个角落好好的生存着，作

着某些幸运男人的贤妻良母。真的好怀念她们，怀念我们一起成长的日子，那些一去不复存在，一去不回的日子。

最想念的还是曾经一起走过心痛日子的伙伴们，朋友们，至今已经各自飘零的人们啊，心里面可否像我一样还会记起我在她们生命中与她们一起走过的道路？最想念的也是自己曾经手中握住的时光的流沙，任凭沙子一点点从指缝中流失，那时候的感情挥霍现在想起来都心痛。

零零碎碎的记忆中，我看到历史的变换所带来的生活的演化，而生活的巨变带来的人心的改变。曾经的爱，曾经爱过的人，曾经的心动回想起来依然清晰，而那些人如今何在？有随着出国潮四散漂零的，有随着理想的幻灭而走上人生短路的，有随着某些不能回首的政治变故而深陷困扰的，也有随着下海经商而发财致富的，也有意外事故身亡的，不管如何，这些人已经与我失去了联系，依稀知道的只有偶尔的报道或者辗转的小道。时光抛弃我们大家的时候，只有我还在这里重温着他们曾留给我的身影和笑靥。

真的想大喊一声，冲着那扇开启的怀旧之门，让那些被时光阴影遮盖住的过去重新鲜活起来，让过去的人们走回身边来，其实就为一句话，大家曾经是否都珍惜过，大家是否都爱过，像我一样？

怀旧的这扇门真的很沉很重，打开了之后关也关不住，过去的时光流影如同电影镜头的转换，只有心底的痛感是真实的。在那门后的光影之中，看到的也许未必是最快乐的。但无论如何，它都是我们经历过的岁月而难以泯灭的。在这个时刻，真的想拿起电话打给与你从过去走过来的某个人，分享你的感觉，而此刻，回首时，却没有一个人。于是，那种心痛旷日持久。

2011-6-5

梦回金陵

十三钗

CHRISTIAN BALE

FROM THE DIRECTOR OF 'HERO'

CHRISTIAN BALE

FROM THE DIRECTOR OF 'HERO'

CHRISTIAN BALE

FROM THE DIRECTOR OF 'HERO'

THE FLOWERS OF WAR

FROM THE DIRECTOR OF 'HERO'

THE FLOWERS OF WAR

FROM THE DIRECTOR OF 'HERO'

THE FLOWERS OF WAR

A ZHANG YIMOU FILM

迷恋上张艺谋的电影与迷恋上他的御用女主角巩俐几乎是同时期的，看着他们在《菊豆》的精彩绝伦，《大红灯笼高高挂》的冷艳压抑，以及《活着》的叹为观止，一串串流光溢彩的镜头画面仿佛是一道最亮丽的光影照亮了中国电影 80 年代到 90 年代初期的黯淡晦暗。

早年曾经在纽约电影节上与张艺谋有过短暂的谈话，那时他和巩俐虽然在国内没什么声名，但在国际影坛则是炙手可热的新星。那年四十多岁的张艺谋黑瘦朴素，一点没有大导的风度与气势，非常平易近人，充满了北方汉子的直率和亲切。尽管一直簇拥在他周边他的助理与宣传劝他赶紧离开，但他仍然站在原地，兴冲冲地着回答我的提问（那次巩俐因为在法国参加电影节而不能出席让我感到异常遗憾），似乎一点不受外界的干扰，给我留下了深刻的印象。也许我们同为北京人的背景使得我们在那个纽约的冬夜如同哥们般产生了电石火光般的瞬间交流。

如今，多少年过去，张巩之合作已经成为前尘往事，彼此也已天涯各路，如同我们很多人的人生都已往事蹉跎、青春不再。失去御用女主角的张艺谋也从一系列被人指责的武侠商业片中走出来，重新开始进行戏剧片的制作。此次即将在美国公演的新片《金陵十三钗》再次引起国内外电影人士的瞩目。

首先这是目前国内投资最大的电影，共斥资6亿人民币。其次，本片的男主角由今年奥斯卡奖影帝的得主克里斯蒂安·贝尔出演，是好莱坞一线明星第一次接受中国导演的邀请主演大片。因为贝尔作为奥斯卡影帝后的第一部影片，此片也受到好莱坞电影媒体的瞩目和采访。

《金陵十三钗》以南京大屠杀的历史作为背景，讲述一位美国人掩护一群逃生的年轻的妓女免于日本兵的屠杀，并与她们在南京大屠杀中为了挽救更多的生命作出大义凌然的举动。张艺谋认为他的电影讲述了年轻的出于社会底层的这群卑微的妓女因为大时代的残酷战争的背景，从商女不知亡国恨的角色急速转变成舍身求义的可歌可泣的形象，如同莫泊桑小说里的羊脂球。

张艺谋延续了他一贯的叙述手法与直观的色彩，将整部电影拍摄成一部散发人性光辉的史诗，如同当年《辛德勒的名单》，刻意采用纪录片似的充满历史感的凝重镜头展现出时代的背景，而这群年轻的女性花旗袍包裹的苗条身影成为了点缀残酷战争的花朵，在血色的土地上点点绽放着历史的阴影、生命的悲伤，爱的璀璨以及人性的辉煌。大概这也是为什么这部电影的英文名字翻译成 *THE FLOWERS OF WAR* 的目的吧！

值得一提的是，目前，《金陵十三钗》已经获第69届美国金球奖最佳外语片提名，这已经是张艺谋的影片继 《活着》、《摇啊摇，摇到外婆桥》、《英雄》、《十面埋伏》后第五次获得金球奖提名。 而此次《金陵十三钗》能否获得此届奥斯卡金像奖的最佳外语片，人们都在拭目以待。对我来说，看到张艺谋重新回归到他以前的水平，拍摄出震撼人心的人文电影，我已经感到欣慰。

2011-12-18

（第30届多伦多国际电影节参选作品）

（第53届圣塞巴斯蒂安国际电影节“最佳导演奖”、“最佳摄影奖”）

向日葵

SUNFLOWER

张杨作品

陈冲

孙海英

D9+D5

中凯文化 独家发行

平庸的《向日葵》，惊艳的全家福

一直想看这部电影但到处都找不到碟子，好在美国发行了 DVD 使我如愿以偿地看到这部等待已久的片子。也许是期待的太好了吧，看完了以后充满了失望。

比起导演张扬的其他非常引人注目的电影如《洗澡》、《向日葵》真的让我们从这个时代过来的人有一种失望。如果对这部电影怀有很多的期望，不如说是期待着对以往青春的怀旧，重温一下逝水年华而已。《向日葵》中的旧事虽然很多是熟悉的，满足了一些怀旧的缠绵，但对一部电影来说，感觉就差了点，毕竟电影需要的是情绪的渲染和气氛的高潮。《向日葵》中规中矩地讲述着一对父子在那个时代的关系故事，但缺乏情节的起伏和情绪的渲染，看了一个小时下来就觉得烦了，觉得电影越来越长，好像永远也完不了似的。

回顾一下，这样的父子关系可以放在任何时代，既然偏偏放在那个时代就觉得应该对得起那个时代，父子的故事应该有种大时代作为背景的辉煌感。可惜，没有，除了我们过来的那个年代很多尘封的记忆充满了戏剧性和高潮之外，我们所看到的不过是老北京胡同中给我们带来的怀旧，童年时代的一些影子。

作为一个以讲述故事擅长的电影人来说，张扬在《向日葵》的功力远远比不了李安。同样作为一个以故事为主的导演来说，李安对时代赋予故事的强大武器所使用的功力就强多了，不管是早年的《喜筵》，还是最近的《色戒》，时代的感觉非常到位，时代所赋予故事的张力和渲染也非同寻常。

其实同样的一个故事，同样的一个背景，如果不是用一种纪录片的形式来拍，如果更像好莱坞的电影一样节奏快一些，或者像欧洲电影一样情绪的渲染浓烈一点的话，《向日葵》可以拍摄得很不错。

当然作为一部受很多规范限制不能尽情有感而发的电影来说，《向日葵》已经很可以地讲述了一些不该被提及的年代中的某些敏感事件，但作为观众，尤其是海外观众来说，他们看到的这部中国电影远远不及张艺谋时代的那种气势磅礴和痛快淋漓而产生出不明所以的很多模糊的感觉。

相比之下，我一向崇敬的讲述同一个时期的电影《蓝风筝》就非常的有冲击力和视觉力。田壮壮因为《蓝风筝》得到了他作为电影导演最大的荣誉和惩罚，和他不同时代的张扬应该是幸运很多。但《向日葵》绝对无法与《蓝风筝》同日而语。

值得一提的是，张扬的电影《向日葵》的海报和电影都采用了现代前卫艺术画家张晓刚的油画《全家福》，让人看了过目难忘。电影是视觉，音乐和故事的综合，一部好的电影如果没有一个好的故事，或者没有好的画面，光有音乐是没有用的。《向日葵》讲述了画家张向阳的个人成长故事以及他和父亲之间的感情，如果这部电影没有张晓刚的画作，电影的影响力就没有今天这么大。我觉得张晓刚的画对张杨这部电影的成功起了很大的作用。

现代的艺术如果能用电影这么受老百姓欢迎的商业模式展示出来，从某种角度来讲，艺术的价值也算体现出来。看过《向日葵》，我建议你同时也去看看张晓刚的画，为现代中国艺术的领头军予以一些敬重。

2008-11-18

3

碧血黄沙

神经病女特工与恐怖卧底的爱与痛

如果用最简单的话来概括美国电视剧《国土安全》第一季的情节，我会说，这是一部神经病特工与恐怖卧底分子之间爱与痛的纠结，从而引发出美国重手反恐这一大局的历史与复杂背景。

本剧女主角，CIA中情局女特工Carrie Anderson（其实是情报分析员）是一名优秀的情报人员，她聪明理性，分析解决问题往往从别人忽视的角度去看，因此在情报部门屡建奇功。但是她是一个个性狂热的工作狂，人际关系奇差，除了她最信任的上司兼导师Saul之外，她与中情局的人包括她的顶头老板David都搞不好关系。因此，她三十多岁仍然孑然一身，每天除了忘我工作之外，感情生活一片空白。

Carrie不为中情局的人所知道的秘密就是她其实患有叫做躁忧症bipolar disorder的精神病，每天靠吃药来压抑病情的发展。她无法让中情局的任何人知道，因为那就意味着她会失去她所热爱的那份情报分析员的职位。而对Carrie来说，没有任何事情能比失去一份可以充分利用她头脑智慧来分析问题找出恐怖分子所在的工作更重要，也更让她心满意足。

当男主角，在伊拉克被俘8年的美国海军中士Nicholas Brody被美军在对恐怖分子基地展开袭击时意外发现并救回以后，马上被媒体与政客们打造成为名人，成为媒体与政治宣传的工具。虽然Nicholas在所有光环的笼罩下变得炙手可热，但是Carrie却根据她所掌握的材料坚决认为Nicholas其实已经变节，成为了恐怖分子头目打进美国政界的一枚棋子。于是，一场无声的心理感情战开始在两个人之间打响。

Nicholas虽然从伊拉克战场回到家里，但多年被单独关押的生活已经在他的精神和情感上刻下了永久的伤痕与烙印，使得他无法融入原来单纯的家庭生活中去。而Carrie的精神病从来都让她无法与普通男人进行感情交往，因此，当这两个精神与感情都充满复杂的男女遇到一起的时候，两个人之间必然就开始了属于他们之间的一段奇特感情遭遇。

然而，当Nicholas了解到Carrie怀疑他是恐怖分子时，因为无法担负事情败落的危险，不仅决绝与她分手，而且还落井下石，将两个人的关系告发给Carrie的中情局老板，最终导致Carrie被中情局开除。失去中情局的工作对Carrie是致命的打击，因为情报工作已经成为了她的精神支柱，而且，中情局宁愿相信一个恐怖分子，而不是她这样一个忠心耿耿为国家利益献身的情报人员，她精神上无法承受。在工作、感情与能力及信念被怀疑的各种打击下，Carrie 的精神病复发，使得周边的人更加觉得她对 Nicholas 的怀疑是她的精神问题所造成。即便这样，Carrie 仍旧不放弃最后一搏，在副总统举行的一个公开活动中，冒险违规前往 Nicholas 的家，告诉他女儿和老婆 Nicholas 是恐怖分子，想让他们帮助劝说 Nicholas 放弃行动。

其实，没有人知道，正是因为 Carrie 的最后行动，使得 Nicholas 最终因为亲情的打动而放弃了自己计划好的行动，避免了美国核心政客集团被一网打尽。但是正因为如此，Nicholas 得以晋升，将伪装隐瞒得更深，而 Carrie 的行为却向所有人，包括她的朋友和家人，证明她的怀疑是毫无道理的。孤立无援的 Carrie 失去一切，也开始怀疑自己的神经病是否是自己失去一切的原因，而最终决定进医院做电击手术。

国土安全第一季的剧情就在 Nicholas 作为众议员的参选人接受媒体电视采访，而 Carrie 却在医院接受电击中的落幕，Carrie 被电击而扭曲的那张痛苦的脸成为了该剧集结束前的最后一张画面。此处无声胜有声，所有的观者都在精神的压抑与苦痛中告别了该剧的最后一幕。一个神经病特工与恐怖分子政客的感情纠葛到此落幕，看得我心里那个难过真是无言以诉。

超越了这一幕，我们看到的是美国反恐已经到了惊弓之鸟的无奈现实，国家安全局对任何人的监控，第三地秘密审讯嫌疑人的做法，公民的自由权利得到限制，男人对女人职业地位的最终控制，情报部门的特工也被恐怖分子的嫌疑犯战胜等等这一切冷酷的现实，让我们明白最终 911 的发生固然是恐怖分子的冷酷无情，但也是美国政府部门之间的各种矛盾所造成。只不过，当这一切通过一个女特工的遭遇讲述出来的时候，我们心里所承受的不满，压力，愤懑，不值等各种情绪才让我们最终恨不得对 Carrie 大叫一声：“放弃吧，随它去吧，还爱什么国啊！为了找到真相而失去一切的代价未免也太大了吧！”

固然，用“神经病特工与恐怖分子政客之间爱与痛的纠结”这个说法来概括美国电视剧《国土安全》第一季的情节会让人觉得低级庸俗，因为中情局女特工 Carrie 与海军中士 Nicholas Brody 之间的感情关系不过是这部电视剧的一个副题，其所表述的意义远远超过所谓的感情纠葛，但是，两个人感情的折射反映出他们对国家，对家庭，对爱国，对男女之间的种种看法与行为准则。因为人类的感情永远是改变人类最大的动力，不管男女之间的爱恨情仇也好，对国家的爱恨也好，凡是涉及感情的事情都具有强大的原始动力。

海军中士Nicholas Brody绝对是一个爱国者，他父辈都是美国海军的一员，因而他参加海军成为反恐战士被派往伊拉克自然是必然的基于爱国所做出的行动。这么一个忠实于自己国家以及海军，在面对死亡都毫不退缩的战士，居然被恐怖分子洗脑，成为他们的一员好似很让人不理解。但是，对于Nicholas来说，他并没有改变他对美国的爱，只不过他对爱的表达方式改变了！他认为，所谓的反恐行为已经成为美国政客的最大利益，他们为了巩固自己的位置以及集团的利益，已经将反恐行为变得个人化，为了增加政治砝码而干出来的事情。比如，副总统明明知道恐怖分子的头目藏匿在平民与孩子中间，他也不惜代价签署让美军轰炸恐怖分子基地的事情，从而导致82名儿童的直接死亡。Nicholas认为，正是为了维护美国的利益，副总统之流的政客应该受到报复。于是，他接受恐怖分子的指示，决定成为人肉炸弹，炸死副总统等政客。

其实，从Nicholas被恐怖分子抓到的那一刻，就注定了他命运的彻底改变。他被单独关押 5 年，受尽折磨和凌辱，人生已经完全到了绝望的边缘。而他的老婆和孩子八年来都以为他已经阵亡，而继续着他们自己没有丈夫与父亲的生活。 5 年后的一天，当Nicholas被恐怖分子的头头放出监牢时，他已经与世隔绝多年，任何一点点恩惠都会让他感恩戴德。有人说，这是斯德哥尔摩症状的典型表现，即被虐待的人对虐待自己的人产生感恩之情，甚至家人般的爱恋之情。然而，即使如此，我们能埋怨他什么。一个被自己的国家和家人都放弃了的男人，一个已经身陷绝望多年的人，任何的一点生存条件的改变自然如同阳光雨露一般。这也标志着从他接受恩惠的那一刻起，Nicholas多少也患上了精神病的某一种形式，精神被扭曲而导致的人格被扭曲。

当 Nicholas 回到美国的家里，他已经不再是曾经的那人单纯的海军中士，简单的丈夫和父亲。经历了人生生死离别，人性灭绝的强大刺激与扭曲，他已经无法让自己重新融入这种美国式的家庭生活，他需要被重新理解，被重新赋予一个新的理想与责任。而对于他这种复杂的精神和思想来说，只有同样经受精神苦痛的 Carrie 才能理解。

而对于一个患有精神病，饱受精神痛苦折磨而又不能让外人知道的 Carrie 来说，明明知道 Nicholas 是恐怖分子的最大嫌疑，还仍然与他暗渡陈仓。一方面是孤独的人彼此找到灵魂对手的激动，一方面也是她所从事的职业让她永远充满了好奇和探究，使得她不惜一切代价都要找到谜语答案，哪怕这个答案藏在一个危机四伏的环境中。

作为两个同样充满使命感的人来说，这种猎人与猎手的关系，以及他们两个人彼此对感情，对国家，对家人，对工作的复杂与矛盾态度，使得这种情节的复杂性已经超越了单纯的男女关系，尤其当两个看似对立面的人，身怀对同样的国家不同的理解和爱，对本身不同的信仰，对工作以及信仰之间的联系所达成的不同的人生观，两个人必须选择在精神上及工作上致对方于死地。也就是说，从两个人关系的开始，就注定了两人之间必然有一个成为另一个的牺牲品，被另一个灭亡。

当第二季开始，离开精神病院，被中情局抛弃的 Carrie 再次受中情局邀请前往中东去执行任务的时候，连她的家人都不理解她的“苦逼”心态。被伤害到如此地步，居然还如此忠心耿耿走马上任，这到底是为了什么？与其说，Carrie 有被虐待情结，不如说她是一个不能接受失败，不能放弃的人。否定她就等于否定她所有的信仰，不管是对国家还是对人生，她必须重新定位自己，让自己给自己证明她其实是对的。因此，踏上继续反恐的道路对 Carrie 来说，是一个自我发现的路程，她不管什么代价都必须踏上这个自我疗伤、自我发现的道路。

假如说，女特工 Carrie 与男卧底 Nicholas 之间必须有一个重合点来彼此交锋，彼此击败对方，以完成自己对国家和信仰的不同理解，那么他们必须上路，必须付出各种代价来达到目的，即便这条道路也许根本就会摧毁他们彼此。

《国土安全》的第二季开篇就让人紧张万分，患有神经病的中情局特工Carrie因为与中情局线人，恐怖分子前妻的特殊关系而被中情局再次请出山，要求她前往黎巴嫩与线人接头，探听恐怖分子的行踪。而中情局同时因Carrie的精神状态而不再信任她的行动与头脑。Carrie对此无法接受，如同她在黎巴嫩屋顶上对一直相信她的导师Saul声泪俱下所倾诉的那样，与海军中士Nicholas Brody 的关系已经完全令她崩溃，她相信他已经变节，但居然无法证明这一点，这本身就让她无法承受，因为她不知道自己是对，是错，还是脑子真的有毛病！

与此同时，被 Carrie 怀疑的 Nicholas Brody 已经成为众议员，准备开始进行副总统的竞选。对比 Carrie 因他而遭受的不幸，Nicholas Brody 可以说青云直上，混迹于政甲名流中，摇身成为恐怖分子的眼线。

随着《国土安全》第二季的开播，喜欢第一季的观众又开始跟着第二季的爱恨情仇踏上喜怒哀乐之旅。其实，《国土安全》这样的电视剧反映的就是美国人对现状的看法，反恐被政客大选利用，中情局的官僚主义，政府各级人员的权力之争，种族信仰的不同，人性的道德与责任等等存在于这个社会乃至全球社会中的问题。

作为患有神经病的中情局特工 Carrie 已经成为了《国土安全》最惹人争议的人物，有点像《24 小时》里面的主角，反恐局特工 Jack Bauer，不管如何被朋友背叛，被政客利用，但是他的爱国心永远不变，他对工作的态度永远执着，他对正义的热忱一般人无法理喻。虽然 Carrie 不是 Jack Bauer，但她对信仰与工作的献身精神已经到了神经病的地步。也许这就是他们两个的共同处，当一个人完全将自己的信仰（不管这个信仰的大小与高低）置之于自己的生命之上、荣耀之上，他们就不会被社会中的芸芸众生所理解。而只有这样，他们才可以真正地抓到所谓的恐怖分子，因为后者也是凭着自己的信仰成为人肉炸弹，不惜一切打击他们认为是敌人的美国。如果我们认为恐怖分子都是神经病，那么这些神经病的对手也必须是一群神经病才行。没有人是完美的，不管是恐怖分子也好，还是反恐的情报人员也好，他们忠实的都是自己的信仰，为自己的信仰而奋斗。这本身就没有绝对的对与错，黑与白，只有人性化的理解与欣赏。

难怪我们从《国土安全》中嗅到《24小时》的紧张与情结，因为这部剧就是由《24小时》

制作人Howard Gordon和Alex Gansa联手打造。不仅将《24小时》剧情的刺激、紧张以及精彩带到了这部剧中，也同时将反恐特工以及他们的对手那种独特的为信仰而奋斗的献身精神继续发扬光大。因此，该剧为他们获得2012年艾美奖的最佳剧情奖当之无愧。该剧男主角海军中士Nicholas Brody的演员是经典美剧《兄弟连》*BAND OF BROTHERS*的主演Damian Lewis，将一个曾经为美国利益为终生信仰的海军中士的理想改变与心灵内疚演绎得极其出彩。女主角，中情局特工Carrie的主演是毕业于耶鲁大学的电影明星Claire Danes，曾因2011年在《自闭历程》Temple Grandin中的出色表演获得艾美奖及金球奖，此次又因为主演中情局特工这个神经质的角色而再次赢得艾美奖。为了扮演好Carrie这个角色，她还观看了很多精神病人的录像带，采访了著名的精神病作者，本身也是精神病人的编剧之一Julie Fast。

这部改编于以色列电视剧的战争剧，让很多人觉得它的主要目的是反对战争，反对政客们以反恐为目的而推行战争，因此这部片子的某种意义上就是反美。其实，美国电视剧的好处就是剧本写作自由，只要有上座率，有人愿意看，就可以抨击政府，抨击现行的美国策略，这也是美国体制优秀的一大好处。不会因为反对政府的某些策略或者指名道姓抨击政府官员，包括总统而获得封杀！因此，从相反的意义上证实，不管形式上面的意思和理解如何，美国电视剧与电影多少都反映出美国现行的体制，多少不好都可以以娱乐的形式直言，不会因此而陷入文字狱。而真正的能够正面抒写人性和国家真实的电视剧才能够得到广大观众的认同，反而让人重新燃起对这个国家的期望与梦想。据说，美国总统奥巴马就是这部剧的坚实粉丝，他为此还购买的全套的《国土安全》第一季的DVD，大概是想借取这部剧的政治观点，要好好研究一下反恐的宝典吧。

2012-10-9

碧血黄沙，
怀念永在

美国电视连续剧《斯巴达克斯》第二季《斯巴达克斯：复仇》终于上映了，距离第一季的《斯巴达克斯：血与沙》已经整整两年。对于一个播映后深受欢迎的电视连续剧，两年之后才播第二季度是少有的事情，原因是电视剧主演安迪·怀特菲尔德 Andy Whitfield 在准备拍摄第二季度时，发现患了淋巴癌。在等待安迪养病的过程中，Starz 电视台拍摄了六集的斯巴达克斯前传《斯巴达克斯：角斗场之王》，继续引起了极大的观看热潮与轰动效应。虽然治疗过的 Andy Whitfield 之后重新回到剧组开始拍摄，但几天之后癌症复发他不得不再次接受治疗，最后经过他同意，他的角色被 Liam McIntyre 接替。

《斯巴达克斯》系列剧集自从播出之后，以独特的视角、精彩的故事、残酷的画面、优美的特技、叹为观止的色彩、瞠目结舌的肉体情色融合成的独树一格的电影语言赢得了观众们的热烈追捧，也使得扮演《斯巴达克斯》的主角安迪·怀特菲尔德，39 岁的澳大利亚帅哥也因此家喻户晓，奠定了事业上的突破性成功。然而，好景不长，就在安迪准备趁着剧集巨大的成功而接着出演第二季的时候，居然被查出患了淋巴癌，并于 2011 年 9 月 11 日在 39 岁的盛年于悉尼去世。

现在《斯巴达克斯：复仇》终于上映，故事情节精彩依旧，画面依然艳丽残酷，电视特技依然美轮美奂，但是唯一不同的是，我们所熟悉的那个斯巴达克斯已经不再是曾经那个有着一对蓝眼睛的英俊的面孔，超级完美的身材，在镜头前好像永远精神奕奕的安迪·怀特菲尔德 Andy Whitfield。虽然新的《斯巴达克斯》的主演依旧高大威武，但却缺少了安迪·怀特菲尔德 Andy Whitfield 具有的那种铁血柔情，那种绿林莽汉所不具有的潇洒气质。

如果不是新的一季的斯巴达克斯，我已经忘记了安迪去世时候所带来的震惊，而真的看到新的斯巴达克斯在镜头前冲杀的时候，安迪的身影突然出现在面前，那个让我难以忘怀的形象，那个令人惊叹的身影所焕发出来的独特气质。想到此，不禁黯

然失神，关了电视。

安迪的去世如同昨日去世的歌坛巨星惠特尼·休斯顿一样，都是英年早逝而留下了无穷的遗憾。但是安迪似乎更加让人遗憾的是，他连成名之后的成功都没来的及享受，就永别人寰，不能不说更加令人唏嘘。好在，他人已逝，影还在，重新翻看他《斯巴达克斯：血与沙》，重温安迪的身影，感慨万千。

如同莎翁名言：整个世界就是一个舞台，所有男女不过都是演员，有上台也有下台。All the world's a stage, And all the men and women merely players: They have their exits and their entrances。而在我的舞台上，安迪·怀特菲尔德 Andy Whitfield 永在，正如斯巴达克斯循环往复，永远存在，在岁月的追光中，他扮演的斯巴达克斯将永远熠熠如生。曾经的辉煌与时光的转瞬，都将铭刻勇士的身影，即便时光流转，尘封的只是记忆，碧血黄沙，怀念永在！

2012-2-13

抚平时光，
那只欲望与
恐惧的手！

《基督山恩仇记》这部文学名著最近开始在美国一部叫做《复仇》*REVENGE* 的电视连续剧中出现。起码这是制作方面宣传的时候打出这个旗号。看完了已经推出的十集之后，你才知道基督山伯爵的故事不过是一个引子，启发了这部电视剧的创作灵感，而真正的复仇确实是完全现代的，与基督山伯爵时代沾不上多少边。

不得不承认，《基督山恩仇记》是我小时候读的书中最喜欢的一部名著，因为复仇是人性中最大的弱点，也是最强的动力，尤其聪明智慧的复仇更是让人看了充满了快感，在满足复仇欲望的同时，完成一个脑力游戏的操练与终结。

电视剧讲述一个漂亮的金发美女爱米丽回到自己出生的加利福尼亚一个海边富豪住宅区，没有人知道她的来历与真实的身世。大家似乎都被爱米丽的漂亮的外貌，清纯的外表以及多金的行为吸引住，没有几个人能够看透爱米丽其实是曾经的艾曼达，那个因为父亲被陷害入狱而被关进儿童教养院多年的小女孩。如今这个小女孩不仅脱胎换骨，长大成人，也变成了复仇的化身。她生存的最终动力在于用金钱的能力与智慧的头脑报复那些让她一夜之间失去亲密父亲与温馨之家的富豪们。随着每一集故事的展开，所有的假象都层层剥开的时候，你才知道，爱米丽不再是一个漂亮有钱的女孩子，而是一架复仇的机器，爱恨情仇都成为了这架机器的燃动力！

这部电视剧的整体就是围绕着背叛二字进行的，爱情的背叛，友情的背叛，亲情的背叛，仿佛人生就是背叛二字写成的，而所有的背叛都在欲望与恐惧的指使下使每一个人一步步踏上道德良心的不归路。

曾经有人说，大部分的人生都是被欲望与恐惧所控制，对金钱、性与权力的欲望和对爱、衰老与死亡的恐惧而形成各自的人生。人只有在真正地战胜了欲望与恐惧的时候，这个人才可以得到

真正的幸福与平静。而人，真的能够放弃自己的欲望而与世无争吗？人，真的能够战胜自己的恐惧而与世无求吗？这是每一个人都要好好考虑的问题，也许这是一个最终能够战胜自我的内心而脱离人生苦海的最终结局。

正如大仲马在《基督山恩仇记》的最后写到：世上没有幸福和不幸，有的只是境况的比较，唯有经历苦难的人才能感受到无上的幸福。必须经历过死亡才能感受到生的欢乐。永远不要忘记，直至上帝向人揭示出未来之日，人类全部智慧就包含在两个词中：等待和希望。

也许战胜欲望与恐惧的最终利器是人类的觉醒，而这觉醒所需的就是等待和希望。等待时机的出现，等待正义复仇的机会，等待希望的亮光。只要不放弃希望，就有来日。而如果放弃了希望，那么我们的日子将被欲望与恐惧彻底吞噬。

除了情节跌宕起伏故事之外，另一个吸引我视线的还有两个女主角的扮演者 Emily VanCamp，以及 Madeleine Stowe 的不同凡响。Emily VanCamp 是新进的加拿大女演员，在多部美国影视作品中露面，其中最为人所知的就是美国电视剧《兄弟姐妹》之中的角色。我喜欢她是她的独特的美丽，与充满古典的外型。看到金发美人 Emily VanCamp，你常常会想到五六十年代的电影明星，她们都有一种充满古典 classic 的美，而这种美经得起时间的考验与时代的转变。今年已经 53 岁的 Emily VanCamp 曾经是好莱坞的头牌明星，在 90 年代中期主演了很多脍炙人口的电影，那部令我印象深刻的关于时间旅行片的科幻电影《十二只猴子》*TWELVE MONKEYS* 就是她出演的女主角。这么多年过去了，新一代的好莱坞电影明星已经取代了旧的，Madeleine Stowe 也再鲜有作品出现。意外地在这部电视剧里面看到她主演的重量级人物——社交女皇级维多利亚，不禁觉得惊讶。因为时光的流水似乎并没有流逝多少她的美丽，她依然是那么娇艳，演起那个美人迟暮的万人迷狠角依然那么驾轻就熟。再次看到 Madeleine Stowe，仿佛看到了九十年代的辉煌，以及那个时代中的我们。至少，Madeleine Stowe 为我们验证了炉火纯青这个词的意义，时光可能带走青春，但无法消磨经验，而经验则是人生最好的收获。

2011-12-13

THE COMPANY

EN FEVRIER 2008 SUR CANAL+

一部反映 40 年冷战
历史的精彩间谍剧！

刚刚看到《合伙人》*THE COMPANY* 美国版 DVD 封面的时候，就觉得它是一部有历史感的剧集。近乎黑白色冷寂的好似漫画的三位主角的面容重叠在冷色调的阴影中，仿佛窥测着历史的流水，探究着阴谋的结局。

影片开始的时候就觉得摄影和灯光非常的具有《卡萨布兰卡》*CASABLANCA* 的那种古典感觉，非常细腻。刚开始还不明就里，觉得进展比较慢，人物来龙去脉讲叙的也有点啰嗦，但看下去半个小时就觉得不是一般的间谍电影，兴趣大增。一口气看完了三集之后才知道开始时候的人物介绍以及关于耶鲁大学三位朋友认识并成为好友的回忆对以后情节的发展非常重要。

这部电视剧看完之后又给人欲罢不能的感觉，也突然产生想知道这部电视剧的历史背景以及故事情节是否真实的欲望。其实一部历史剧的好坏完全取决于故事背景的真实性与故事本身的精彩，真实的历史加上虚构的故事情节就构成了一部完美的历史故事剧。

THE COMPANY 横跨 40 年，从东西德国分裂的开始一直到苏联的解体，通过三位耶鲁大学时代的同学及朋友们在人生旅途上的不同的选择、共同的经历、命运的交错，反映了美苏两国之间的冷战给人们生命轨迹带来的种种影响。

历史：

东西德国的分隔：电视剧从 1954 年的德国开始，讲叙了于柏林墙建立 6 年之前东西德国历史背景下的美苏间谍战的开始，也就是所谓的冷战。男主角 Jack 一个年轻的中情局间谍，在东德从事反间谍工作的时候，爱上一位年轻美貌但背景复杂的芭蕾女郎，但是两个人的爱情在反间谍的斗争中无疾而终，成为了 Jack 心头永远的痛。究竟是谁出卖了 Jack 反间谍的对象，中情局内部是否存在着苏联的间谍，这几个疑问成为了故事的主线。

匈牙利暴动：1956 年 10 月匈牙利发生反苏的暴动，并成功地将苏军赶出匈牙利。但新政府宣布脱离华沙合约，并寻求联合国的帮助而独立。这震怒了苏联，苏军发动坦克成功地重新占领了布达佩斯，成立了傀儡政府，使得匈牙利重新回归东欧的社会主义阵营。

猪湾事件：肯尼迪政府当政已经是 60 年代初期，距匈牙利事件已经是 5 年以后，Jack 再次被送到古巴参与猪湾事件的反卡斯特洛政权的暴动。

4 月 17 日，1500 名叛军在美国中情局的帮助下成功地登陆古巴猪湾，与卡斯特洛的部队展开枪战。经过四天的浴血奋战，当肯尼迪总统拒绝派美军空军掩护，叛军遭到失败，600 多人死亡，其他全部被俘或枪毙或入狱。猪湾事件给肯尼迪政府的名誉造成了巨大的恶劣影响，也使得美国和古巴的关系就此开始破裂。

苏联解体：苏联解体始于 1985 年戈尔巴乔夫当政并开始实行经济改革开放政策。1990 年戈尔巴乔夫开始政治上的改革，使得苏联的政局开始动荡的同时，周边的东欧各国也乘机纷纷开始宣布独立脱离苏联的控制，东欧的社会主义阵营开始解体。1991 年苏联发生变乱，戈尔巴乔夫下台，新政府正式宣布苏联的死亡，柏林墙在人民的攻击下终于倒塌，东西德国重新合并。

THE COMPANY 跨越了上述历史的四十年的时间，从冷战的开始到结束，Jack 从一名年轻的情报员成为了白发苍苍的中情局高官。他的两个耶鲁的朋友在四十年的冷战时期也和 Jack 殊途同归，为各自的信仰一个成了双重间谍（double spy），一个成了 KGB 的联络员，同样付出了牺牲青春，家庭或爱情的代价。

电视剧从 Jack 在执行反间谍人物时、回忆如何从耶鲁大学的高才生成为中情局间谍的片断，开始到 Jack 在决定是否杀死多年暗藏的间谍的时候、回忆耶鲁时代朋友间的友情片断结束。一个漂亮的连贯起始，完

整地结束，让人扼腕叹息，唏嘘不已。真是青春已逝，友情何在？冷战的代价对于曾经是耶鲁同窗的好朋友的三个人命运转折非常巨大，可谓回首已是百年身。

花絮：

电视剧的阵容不可忽视。该剧的制片是美国著名的电影导演兄弟，Tony Scott 以及 Ridley Scott，也是我最欣赏的美国电影导演群中的两个人。该片的导演 Mikael Salomon 是《兄弟连》和《罗马》两部著名电视剧的导演。该片的男演员阵容也很庞大，拥有众多明星。

该剧全部实地取景，从美国到苏联及东欧各国，真实的实景拍摄增加了整部片子的吸引力和可观性。我一向喜欢间谍片，自然钟情这样历史背景真实，故事情节曲折，影片拍摄宏大，色调细腻，镜头优美的电视剧，与好莱坞的大制作间谍电影相比，*THE COMPANY* 不在其下只在其上。

2007-11-12

从《波士顿法律》看美国式正义

初看《波士顿法律》是因为我狂爱的*THE PRACTICE*。《波士顿法律》是*THE PRACTICE*延伸出来的姐妹篇，为其中的一个角色Alan Shore续写新篇。

看这部剧多少得了解一下美国的司法制度，这个年轻的国家当年建立的时候就避除了当时欧洲国家政权结构的弊病，创造出一套崭新的国家制度，即民主政权（人民有自由言论，自由选举的权利）。美国宪法第一条就是人权自由言论自由，所有宪法的每一个条款都是按照这个第一条设立的。所以你常听美国人说The First Amendent，就是指他们受宪法保护有言论自由的权利。这可不是说说而已，如果任何个人、公司或者政府的条款违反了宪法第一条，他们都可以在法庭上输掉案子。美国是一个人性的国家，所有一切都是以人性出发，是否犯罪不是政府说了算，而是12个陪审员决定。只要你能够说服并打动陪审员的情感，你的案子就有胜诉的可能。就凭这一条，世界上任何国家的法律都无法与之相比。

Alan Shore是一个精明的律师，深深懂得这个道理，也就是说他几乎每次出马都可以胜诉的原因就是他知道如何打动陪审员，让他们觉得他是真诚的。正如他对一个女律师（他的律师女友）说的那样，你要有让陪审员相信你的本事。当然很多人指责他会歪曲事实，误导陪审员的感情，但是Alan的利害之处就是误导也好，歪曲也好，他的知识和能力使他有本事让陪审员跟着他的思维走。每次看Alan在法庭上慷慨激昂陈词的时候，我都禁不住想，如果Alan是中国律师，他就没戏，根本没有发挥的法律依据也没有自由发挥的空间，恐怕早就失业了。

如果看了《波士顿法律》就想当一个像Alan那样的律师的人，我说你别傻了，Alan玩的是美国法律游戏，没有美国宪法的保护，根本没机会胜出。美国律师的费用都是几百美金一小时，Alan在《波士顿法律》里面只是一个高级律师，连合伙人（Partner）都不是，自然只能收500美金一小时，如果成为了Partner，好几千一小时呢！

长话短说，《波士顿法律》的精髓就在于编剧深懂美国法律的每个细节（制作人R Kelly自己本人就曾经是律师），通过各种社会问题或者政治问题引起的法律案件，借Alan之口大发对美国各种社会问题以及政治问题的不满，精彩之处让人拍案叫绝，所以这部电视剧在美国非常轰动也是有这个原因的。

我个人还是喜欢 *THE PRACTICE*，离现实生活更近，更让人感动。而《波士顿法律》的主角是高级律师楼里面属于上中产阶级（upper middle class）的代言人，让你会觉得大美国主义，所谓美国中心说的利害。

《波士顿法律》另一个精彩之处 v 就是黑色幽默式的喜剧，让人看了捧腹。不过，在美国这样一个以真情感人的人性社会，正义的体现就是以感动别人的方式赢得机会。如果你喜欢《波士顿法律》，说明你是一个像 Alan 一样心存梦想和感性的人。

2008-1-11

间谍剧集
捧红的
新近
导演

电视剧《双面女间谍》*ALIAS*刚出来的时候，我还沉浸在《尼基塔女郎》那部间谍电视剧集中不能自拔，对《双面女间谍》根本看不上眼。后来买了DVD看的时候，突然觉得编剧很了不起，尤其第一集拍摄的简直太让惊心动魄了。因此对导演多加留意，觉得他有一天一定成大器。该剧集的导演J·J·艾布拉姆斯J. J. Abrams是美国目前最有才华的年轻导演之一，拍过一些不错的电影，但让他一举成名并得奖无数的是编写的导演电视连续剧《双面女间谍》和电视连续剧*LOST*《迷失》。

J·J·艾布拉姆斯生于纽约，在洛杉矶长大，8岁时就对电影有着一种狂热的感情，并在以后的10年当中制作了一系列的个人电影，在许多电影节上获奖。他的主要电影作品有："*TAKING CARE OF BUSINESS*" "*REGARDING HERRY*" "*FOREVER YOUNG*" "*ARMAGEDDOM*" "*THE PALLBEAVER*" "*THE SUBURBANS*" 另外还参演了 "*SIX DEGREES OF SEPARATION*" "*DIABOLIQUE*" 等等。

J·J·艾布拉姆斯除在电影方面获得成就外，在电视剧方面也是显现出了他深厚的创作功底。他的第一部电视剧作品《幸福》*FELICITY*非常叫座。他还担任了这部剧的制片人，并且与人合作编写了主题曲。

当时，《谍中谍3》制片汤姆·克鲁斯看过了电视连续剧《双面女间谍》之后，觉得《谍中谍3》非J·J·艾布拉姆斯导演不可，给J·J·艾布拉姆斯打电话请他出山，而后者也一直想导演《谍中谍3》，接到电话一口答应。

也许现在你看这部剧集觉得一般，但当时运用电视倒叙手法来拍摄剧集的*ALIAS*是第一个，后来，《24小时》等其他电视剧集都纷纷采用了这种将最紧张的结果先呈现给观众然后再倒叙事情始末的手法。 从某种意义上来讲，J·J·艾布拉姆斯的电视拍摄手法当年赢得了很多赞赏，也算是电视才子了吧！

《双面女间谍》就是现在来看，也觉得很不错，紧张刺激，非一口气看完才行。不过后来第五六集的剧集开始有点走火入魔，丧失了最初的质量和感觉。

2008-1-25

Wicked，感怀人生的暖色

THE HIT MUSICAL

WICKED

E UNTOLD STORY OF THE WITCHES OF OZ

有生以来第二次跟一班小学五年级的孩子们观看百老汇音乐剧 *WICKED*《西方怪女巫》。作为很少看百老汇音乐剧的我来说，第二次看 *WICKED* 的印象比第一次还精彩，更加能够理解故事所传达的那种感情因素。

WICKED 百老汇音乐剧源于美国家喻户晓的古典童话 *THE WONDERFUL WIZARD OF OZ*。该童话故事写于一九零零年，并在一九三九年被改编成轰动一时的电影，更名为 *THE WIZARD OF OZ*《绿野仙踪》。很多人都以为 *WICKED* 描述的故事是 *THE WIZARD OF OZ* 的前传，其实，*WICKED* 不过是《绿野仙踪》的平行故事，受《绿野仙踪》的启发，按

照《绿野仙踪》故事发展的脉络，以及主要人物的个性、命运、时间及地点的推演，编写了这部 *WICKED*《西方怪女巫》的故事。

WICKED《西方怪女巫》音乐剧改编自 1996 年出版的《西方女巫的命运与一生》*WICKED:THE LIFE AND TIMES OF THE WICKED WITCH OF THE WEST*。本来《西方怪女巫》在《绿野仙踪》里是没有太多被著墨，甚至没有具体名字，*WICKED* 的作者 Gregory Maguire 则依照《绿野仙踪》作者 L. Frank Baum 的英文缩写 L.F.B 来命名西方坏女巫 El-pha-ba，作

为对一代美国儿童文学家 L.Frank Baum 的致敬。

WICKED 采用倒叙故事的手法开始，讲述了 Elphaba《绿野仙踪》里的西方怪女巫与 Glinda《绿野仙踪》里的北方好女巫两个女孩子之间友情的来由，以及她们的样貌与个性的极端不同所导致的对人生命运看法行为都不同而产生的矛盾与分歧。

Elphaba 与 Glinda 曾经是高中时代的室友而发展成的朋友，两个女孩子从外貌到个性都截然不同。一个怪异并遭公众排斥，一个美丽受大家爱戴，一个是绿色皮肤的有些自闭的怪女孩，一个是金发漂亮个性开朗的美女。原本这样两个人根本就是两股道上跑的车，居然因为共读一家学校而相识，并因为各种因素成为室友。Glinda 的开朗个性使得自闭的 Elphaba 开始改变自己的外表，并与其成为朋友。

然而，出生富贵，但遭遇不幸的 Elphaba 与自鸣得意并野心勃勃一心向往上流社会的 Glinda 完全不同的是，她心地善良，乐于帮助遭遇不幸的弱小势力。然而 Elphaba 性格的闪光在一个权力腐败的社会里遭受了重大的打击，导致了她不得不走上了与 Glinda 完全不同的人生道路。

其实，这个音乐剧最吸引人的地方就在于两个个性完全不同的女孩子之间的不同寻常的友情关系以及在面对名利机遇，道德尊严，人生选择的社会时候，两个人所作出的不同选择，而导致的不同的人生。假使 Elphaba 但凡少一点爱心和对弱者的怜悯之心，她的人生会比 Glinda 辉煌许多，但也就得不到真正的爱情归宿。而 Glinda 虽然浮华，虚荣，但她也有一颗比较善良的内心，因此，虽然她因为Elphaba失去了感情，却在Elphaba的帮助下，得到了整个世界。

而最令人吃惊的大约是Wizard of Oz，身为Oz权力最大的魔术师Wizard原来是一个冒牌货，他既不会魔术，也掌握不了魔法的奥妙。只是Oz的大众太容易轻信，太愿意臣服于权力，而将他视为至高无上的法力代言人。而真正懂得魔法的Elphaba因为不愿意与他同流合污，昧着良心来欺骗大众，而被他追捕。看到这个地方，你会与现实的社会联系起来，感叹权利的残酷与信任的愚昧。

其实这部音乐剧讲述了人生的很多方面：友情、爱情、权力、腐败、浮华等人性的各个层面，而在这些层面之中，两个主角挣扎在各自的性格、良心与能力所网织的命运之中，最终得到了不同的归宿，各自相对来说满意的归宿。只是，人对权利的贪婪到底有多大？对于感情的需求到底有多少？这是任何故事都不能够让我们得到完满回答的。因为毕竟我们各自的人生道路我们每一个人不同的个性、欲望以及能力，能够得到的大约只是自己期望的百分之几，而少数得到全部的人其实内心也未必完全幸福或者满足。也就是说，人生的满足在于我们平衡现实的能力，如果一切都大差不差，我们也就安于现状，毕竟欲望永无止境！也许你不能够改变出身，改变多桀的命运，但是你可以改变人生的颜色，用心多添加一点暖色，毕竟快乐与幸福离暖色比较近！

WICKED《西方怪女巫》是一部老少皆宜的音乐剧，深刻也好，浅薄也好，这部音乐剧让不同的人得到不同的感觉与结果，但相同的就是精彩的故事以及好听的音乐都能够让大家在两个半小时内得到娱乐的满足。

难怪，这部音乐剧自2003年在百老汇开演以来，好评如潮，甚至出现过一票难求的盛况，得到过十次Tony奖的提名，更曾拿下最佳女主角、最佳舞台设计、最佳服装设计三项大奖。浩大诡谲的中世纪舞台布置、精致华丽的服装，现场音乐的壮观，以及目不暇给的歌舞片断，都是这部音乐剧最大的看点，因此也得到了学生观众热烈的掌声，尤其女孩子们更是感动嘘唏。

2012-3-22

导演那些事儿，有人分手有人自杀

《裂痕》从五年前一出来就以错综复杂的剧情，峰回路转的叙述方式，以及奥斯卡最佳女主角 Glenn Close 带队等超级阵容吸引了观众的眼球。其实，整部剧的核心内容就是为了达到目的不择手段的纽约著名女律师与她的律师女学徒之间的爱恨情仇。两个不同年龄不同气质却拥有同样智慧头脑的美女之间的争斗永远是人们的容易关注点，更何况这两个美女之间的厮杀发生在同样养眼的纽约曼哈顿这样顶尖律师藏龙卧虎的律师圈。

《裂痕》第五季所说的内容有点像现实版的《维基解密》以及其创始人朱利安·阿桑奇 Julian Assange 的奇情异事。不同的是，最后电视剧里面这个被解密的网站以及领袖却是被她多年的网站经理人出卖的。而经理人将网站的匿名供料人的真实情况泄密并在媒体上曝光，使得网站的名誉一泻千里，从而摧毁了创始人的信誉。而这个从网站创始初期就一直打理所有业务的经理人之所以一手摧毁这个她帮助创建起来网站的原因就是她与网站创始人出现严重的事业分歧，而创始人翅膀硬了，不再受制于经理人的管理和指点。

看到这儿，我不禁想起了前不久在网络上闹得沸沸扬扬的张艺谋与共事 22 年的经理人张伟平的分手事件。张伟平率先出来向媒体宣布他与合作多年的张艺谋已经分裂，并指责张艺谋无视多年的情谊突然玩失踪，不给他一个交代。表面上看，二张的分裂始于张艺谋的突然不辞而别，以及准备签约另外的电影发行公司而引发的。其实，很多内幕知情人却说，两个人积怨已久，尤其是张伟平擅自指使人将张艺谋已婚并育有三子的私事在网络上揭发出来，成为了骆驼背上的最后一根稻草，使得张艺谋愤而出走。

其次自张艺谋与张伟平合作以来，其知名度和艺术家身份不断提升，尤其导演 2008 北京奥运开幕式让他一夜跃居“国际名导”，并被媒体奉为“国师”。虽然被奠定为国师使得张艺谋成为中国导演的第一张王牌，但却使得张艺谋的电影艺术、质量和声名每况愈下，所拍摄的电影已经失去了以往的激情与才华。对于一个电影人来说，没有比观众（尤其国际媒体）不认可自己的创作才华这件事更令人内心难过的。更糟糕的是，张艺谋通过与张伟平的多年合作，慢慢体会到其实自己所谓的“艺术家”身份不过是在被“商人”张伟平利用做嫁衣。张伟平凭着“国师”张艺谋这张名片，不仅在电影行业名声鹊起，而且在地产、投资领域等各种电影行业外的产业链中收获甚丰。而张伟平只在电影项目上与张艺谋分利，在其它如地产、投资等领域的各种衍生巨额收入却与张艺谋无关，使得张艺谋沦落到一个等同于拿自己的名誉为张伟平的其它事业项目充当“背书人”的角色。于是，据知情人说，张艺谋开始另辟投资新路，为自己寻找下一个合作人。同时，张伟平意识到情况不妙，开始在网络上爆料张艺谋的各种不利传闻，如超标生子，如收取铁道部巨额款项拍宣传片结果却很烂等负面新闻。虽然，这些如同电影戏剧情节般的传闻和议论都没有得到当事人双方的认可，但已标明二张的合作已经都走到尽

头，不可能再有回旋余地。

作为张艺谋早期电影的粉丝，我倒是拭目以待，等待着张的新片出笼，期望令人耳目一新的艺术家影片，而不是在张伟平打造以后出品的各种商业大片。毕竟，张艺谋曾说过，他对票房不感兴趣，而正是多年他曾经的不感兴趣使得他早年的电影从《红高粱》到《摇啊摇，摇到外婆桥》都有一种特定的才华与感觉，那么后来他与张伟平合作联姻之后拍摄的《有话好好说》到《金陵十三钗》都让人难以相信是出自同一个导演之手。这个夏天，重新看了很多老电影，其中就包括张艺谋的《活着》和《大红灯笼高高挂》等佳片，回味张艺谋早期的电影生涯和作品，如同追忆似水年华，那充满镜头的是何等的灿烂与明媚。

如果说电影导演张艺谋与多年合伙经理人闹翻这件事颇具戏剧情节的话，那么 68 岁的美国大片导演托尼 · 斯科特 Tony Scott 突然自杀身亡这件事更富有其导演的戏剧情节。英国导演 Tony Scott 与其同为电影导演的兄弟雷德利 · 斯科特 Ripley Scott 是我非常欣赏的美国大片导演之一。这兄弟二人导演的许多美国电影脍炙人口，虽然我个人觉得 Ripley Scott 的导演水平更高一筹，但因为导演了《壮志凌云》*TOP GUN* 一片而家喻户晓的 Tony Scott 也不容小觑。尤其他的影片 *TRUE ROMANCE* 已经成为电影业界的经典。听到他从加州最高桥，圣佩德罗的文森特 · 汤玛斯大桥投洛杉矶湾自杀的消息，我心里面非常难过，一代英才就这样香消玉损了，让人扼腕叹息！

在托尼 · 斯科特自杀身亡的前 48 个小时，他还与被他的电影《壮志凌云》一手捧红的大明星汤姆 · 克鲁斯一起游览了《壮志凌云》续集的片场，探讨续集的拍摄计划。48 小时后，大导演却选择了自杀这个方式来结束自己的生命，实在耐人寻味。期望能再与托尼 · 斯科特合作拍摄的《壮志凌云》续集的汤姆 · 克鲁斯发表了悼唁，对托尼 · 斯科特的不幸去世表示极大的悲伤。

2012-9-16

在虚构历史中不寒而栗的相遇

美国有两部电视连续剧自从川普当选美国总统后变成了大热门。一部是亚马逊电影拍摄的 *THE MAN IN THE HIGH CASTLE*《高堡奇人》，根据美国科幻小说作家菲利普 · K · 迪克于 1962 年出版的同名小说《高堡奇人》改编，讲述了纳粹德国与日本瓜分占领美国东西海岸后的一段虚构历史故事；另一部是 Hulu 电影拍摄的 *A HANDMAID'S TALE*《使女的故事》，根据加拿大女性作家玛格丽特 · 爱特伍所著的同名反乌托邦小说改编。描述在不久的未来，美国为极权的基督教重建主义取代，一位具备生育能力的女编辑被迫放弃自己的亲身女儿而成权贵阶层的性奴和生产工具。

这两部连续剧的相似之处就是描绘了美国在极权政府统治下的悲惨生活，前者是在纳粹的极权镇压下人们的无奈与抗争，后者是在教会极权统治下女性的悲歌。毋庸置疑的是，两者之间类似根据乔治 · 奥威尔的反极权主义名著改编的电影《1984》的情节发展，让观众看到主角们在高压下生活的精神窒息以及为了重获自由的反抗。在《高堡奇人》中，似乎美国白种人更容易过渡到对纳粹的接受以及对纳粹迫害有色及残疾人的默许，让人想起来川普上台后美国白人至上主义的抬头。而在《使女的故事》里，曾经作为女知识分子的女主角被强迫成为统治工具的泄欲和生育工具，曾经的女医生被迫在遭到严重污染的类似“古拉格”的边远荒地集中营里服苦役，过着暗无天日，没有尽头只有死亡的生活。这些也让人联想到新总统上任后导致的白人至上种族歧视以及对女性的蔑视及不尊。这两部电视剧似乎在影射着美国的某些现实以及世界上某些国家仍然存在的这种极权下被奴役的生活，让人不寒而栗。

无独有偶的是，这两部电视剧源于的原作都是创作于美苏冷战前后期，曾经的纳粹政府以及苏联对周边轴心国的极权统治都给两位作者提供了时代的背景和资料。菲利普 · K · 迪克更加关注在极权下的有觉知的知识分子抗争黑暗势力的命运，而玛格丽特 · 爱特伍 则集中在女性的角度反射了这种极权对女性精神和肉体的桎梏与残害。

菲利普 · K · 迪克一生都在从事科幻小说的创作，出版了 44 部科幻小

说，其中七部被拍摄成电影，包括 1982 年的《银翼杀手》，1990 年的《全面回忆》，2002 年的《少数派报告》，2011 年的《联邦调整局》等商业大片。然而，在菲利普 · K · 迪克活着的时候，他唯一看到出版并获“雨果”奖的长篇小说就是《高堡奇人》。死后，他写的其他小说才陆续出版并拍摄成电影。相比之下，玛格丽特 · 爱特伍比较幸运，作为加拿大知名作家，她获奖无数，小说被翻译成各国文字，包括中文。今年 74 岁的她在接受访问中透露，她于 1985 年出版的《使女的故事》虽然构思已久，但真的创作却在她作为作家访问冷战后期的苏联以及轴心国之后。当她看到极权统治下的人们的在高压与恐惧中的生活以及极权下生活的氛围，受到极大的启发，回来后写成了《使女的故事》。她说小说中所述的故

事在历史上都发生过，比如《圣经》、1978 年的伊朗革命、八十年代的女权运动等等。

抛开政治背景不说，但是这两部连续剧的制作精美、虚构历史镜头的构架、演员的绝妙演技以及特定的虚构历史下的服装道具的设计都让人叹为观止。作为女主演伊丽莎白 · 莫斯 Elisabeth Moss 曾经因为在美剧《广告狂人》中的与众不同的表现获得了艾美奖与金球奖的提名，而此次在《使女的故事》中，她演活了使女 Offred，将曾经的一个思想自由的报社女编辑后来被迫成为性奴和生育工具的使女的心理路程和精神伤痛演绎的淋漓尽致。值得一提的是，这部美剧的五个导演，四个都是女导演。

很多时候，人生就是一场预想不到的革命，你必须在这场革命中经历脱胎换骨的改变才能生存下来。而当这场革命放在一个极权的环境中，你必须变成两个自己，一个貌似接受命运的安排，变成你在社会中被放置的角色，另一个是内心仍然自由独立的你。当这样的生活逼近的时候，你才知道自己的内心有多么强大。这就是《使女的故事》所表述的人生。对于生性独立自由的美国人来说，很多时候，这种人生的革命是在一场看不见的种族硝烟中进行的，笼罩在头顶上的未必是极权主义的外在形象，而是白人至上主义的抬头，贬低蔑视女性的开始。在这样的社会中，如同《高堡奇人》所描述的那个乌托邦的环境，真正的改变源于思想永远独立、内心永远清醒的人们，尽管这样的人不多。

www.ingramcontent.com/pod-product-compliance
Lightning Source LLC
Chambersburg PA
CBHW070303120726
47910CB00007B/2353
9781640830905